댄치그가 들려주는
최적화 이론 2 이야기

오혜정 지음

NEW
수학자가 들려주는
수학 이야기
43

댄치그가 들려주는
최적화 이론 2
이야기

㈜자음과모음

추천사

수학자라는 거인의 어깨 위에서 보다 멀리, 보다 넓게 바라보는 수학의 세계!

  수학 교과서는 대개 '결과'로서의 수학을 연역적으로 제시하는 경향이 강하기 때문에 학생들은 수학이 끊임없이 진화해 왔다고 생각하기 어렵습니다. 그렇지만 수학의 역사는 하나의 문제가 등장하고 그에 대해 많은 수학자가 고심하고 이를 해결하는 가운데 새로운 아이디어가 출현해 온 역동적인 과정입니다.

  〈NEW 수학자가 들려주는 수학 이야기〉는 수학 주제들의 발생 과정을 수학자들의 목소리를 통해 친근하게 이야기 형식으로 들려주기 때문에 학생들이 수학을 '과거 완료형'이 아닌 '현재 진행형'으로 인식하는 데 도움이 될 것입니다.

  학생들이 수학을 어려워하는 요인 중의 하나는 '추상성'이 강한 수학적 사고의 특성과 '구체성'을 선호하는 학생의 사고 사이에 존재하는 간극이며, 이런 간극을 줄이기 위해서 수학의 추상성을 희석시키고 수학 개념과 원리의 설명에 구체성을 부여하는 것이 필요합니다.

  〈NEW 수학자가 들려주는 수학 이야기〉는 수학 교과서의 내용을 생동감 있게 재구성함으로써 추상적인 수학을 구체성을 갖는 수학으로 변모시키고 있습니다. 또한 중간중간에 곁들여진 수학자들의 에피소드는 자칫 무료해지기 쉬운 수학 공부에 윤활유 역할을 해 줄 것입니다.

〈NEW 수학자가 들려주는 수학 이야기〉의 구성을 보면 우선 수학자의 업적을 개략적으로 소개하고, 6~9개의 강의를 통해 수학 내적 세계와 외적 세계, 교실 안과 밖을 넘나들며 수학 개념과 원리를 소개한 후 마지막으로 강의에서 다룬 내용을 정리합니다.

이런 책의 흐름을 따라 읽다 보면 각각의 도서가 다루고 있는 주제에 대한 전체적이고 통합적인 이해가 가능하도록 구성되어 있습니다. 〈NEW 수학자가 들려주는 수학 이야기〉는 학교 수학 교과 과정과 긴밀하게 맞물려 있으며, 전체 시리즈를 통해 학교 수학의 많은 내용들을 다룹니다. 따라서 〈NEW 수학자가 들려주는 수학 이야기〉를 학교 수학 공부와 병행하면서 읽는다면 교과서 내용의 소화 흡수를 도울 수 있는 효소 역할을 할 것입니다.

뉴턴이 'On the shoulders of giants'라는 표현을 썼던 것처럼, 수학자라는 거인의 어깨 위에서는 보다 멀리, 넓게 바라볼 수 있습니다. 학생들이 〈NEW 수학자가 들려주는 수학 이야기〉를 읽으면서 각 수학자의 어깨 위에서 보다 수월하게 수학의 세계를 내다보는 기회를 갖기를 바랍니다.

홍익대학교 수학교육과 교수 |《수학 콘서트》저자 박경미

책머리에

세상의 진리를 수학으로 꿰뚫어 보는 맛
그 맛을 경험시켜 주는 '최적화 이론 2'
이야기

　소진이와 승호는 연말에 '어려운 이웃 돕기'를 위한 바자회에서 친구들과 핫케이크와 부침개를 만들어 팔기로 하였습니다. 그런데 재료를 사기 전에 먼저 계획을 세우면서 고민을 하고 있습니다. 왜냐하면 서로 다른 두 종류의 음식을 만들어 팔 때, 재료비를 가장 적게 하고 이윤은 최대로 하기 위해서 각각의 재료를 적당한 비율로 사야 하기 때문입니다.

　여기 이 두 친구처럼 우리는 무언가를 결정할 때, 가장 좋은 방법으로 최적의 선택을 하기 위한 고민을 합니다. 다음의 상황 역시 우리 실생활에서 쉽게 접할 수 있는 비슷한 고민이라고 볼 수 있습니다.

・제과점 주인이 오늘 사 온 밀가루와 몇 가지 재료로 두 종류의 쿠키와 세 종류의 빵을 만들어 팔 때, 각각 몇 개씩 만드는 것이 가장 많은 이윤을 남길까?
・목장에서 여러 가지 원료를 사용하여 필요한 영양분이 들어가도록 사료를 만들 때, 재료비가 가장 적게 들게 하려면 가격이 각기 다른 원료를

> 어떻게 사는 것이 좋을까?
> · 세 곳의 공장에서 각지에 흩어져 있는 창고나 판매장에 제품을 수송하는 수송 비용을 최대한 절약할 수 있는 방법은 무엇일까?
> · 선박으로 물건을 수송할 때 어느 경로로 이동하는 것이 가장 경제적일까?

 이와 같이 의사 결정을 하기 위한 다양한 상황에서, 먼저 여러 가지 가능성을 생각하고 그중에서 가장 적당한 것을 찾아내는 방법을 최적화 이론이라고 합니다. 이 최적화 문제는 옛날부터 지금까지 물건의 생산, 인력의 효율적인 배치, 생산된 제품의 수송 방법 등 여러 가지 경제 활동에 필요한 연구 분야이기도 합니다. 특히 산업의 고도화에 따라 정책과 전략의 결정에 영향을 주는 요인이 더욱 복잡해지고 다양해지면서 복잡한 문제에 대한 최적화 이론은 더욱더 중요시되어 가고 있습니다. 나아가 고성능 컴퓨터의 개발과 더 효율적인 최적화 기술의 향상에 힘입어 크고 복잡한 문제를 점점 더 빠르고 쉽게 해결해 가고 있는 추세이기도 합니다.

 이 책에서 다루는 최적화 이론은 특히 선형계획법이라는 수학적 내용으로 해결할 수 있는 문제입니다. 소진이와 승호가 하고 있는 고민 역시 이 선형계획법을 충분히 이해하고 있으면 쉽게 해결할 수 있는 문제입니다. 선형계획법은 최적화 이론의 대표적인 예로써, 실제 문제를 일차식이나 일차방정식, 일차부등식으로 모형화하고 이를 최적화하려는 수리계획법의 한 분야로, 이론을 이해하기 쉬울 뿐만 아니라 실용성도 좋아서 널리 사용되고 있습니다.

 따라서 이 책에서는 매우 복잡해 보이는 문제가 연립일차방정식과 연립일차부등식이라는 간단한 수학적 이론으로 얼마나 빠르고 쉽게 해결할 수 있는지를 통해 수학이 가지고 있는 힘을 보여 주고자 하였습니다. 때문에 이 책을 읽으면서 수학의 힘을 조금이나마 느끼고 나아가 수학의 매력에 빠져 볼 것도 기대해 봅니다.

오혜정

차례

추천사   4
책머리에   6
100% 활용하기   12
댄치그의 개념 체크   18

1교시
부등식과 그 해   31

2교시
부등식을 그래프로 나타내면   57

3교시
연립부등식의 영역   81

4교시
부등식의 영역을 이용한 최대·최소 문제의 해결　　　　93

5교시
특수한 형태의 선형계획 문제 – 수송 문제　　　　123

1 이 책은 달라요

《댄치그가 들려주는 최적화 이론 2 이야기》에서는 댄치그 선생님의 친절한 안내를 통해 우리가 일상생활에서 최적의 의사 결정을 할 수 있도록 도와주는 방법 중의 하나인 선형계획법에 대해서 배울 수 있습니다. 보통 일상생활에서 무언가를 결정해야 하는 상황일 때 마지막 의사 결정에 앞서 선택 가능한 대안을 찾아보고, 그 여러 가지 대안 중에서 어느 것이 가장 적절한지를 따져 보는 것은 최적의 의사 결정을 위함입니다. 특히 의사 결정을 해야 하는 상황을 일차식이나 일차부등식으로 표현하여 최적의 의사를 결정하는 방법을 선형계획법이라고 하는데, 댄치그 선생님은 실생활에서 우리가 접할 수 있는 문제를 제시하고 이 문제를 일차식과 일차부등식으로 표현하여 선형계획법으로 의사를 결정하는 방법을 구체적으로 자세히 설명하고 있습니다. 이를 통해 학생들이 최적화의 개념을 이해하고 현실감을 느낄 수 있도록 하고 있으며, 간단한 수학 이론으로 최적화와 효율성, 경제성을 탐색해 보도록 함으로써 흥미 유발과 함께 보다 친근하게 수학을 접할 수 있는 기회를 제공하고 있습니다.

2 이런 점이 좋아요

① 실제로 의사 결정을 하는 일상생활의 문제 상황을 일차식이나 일차부등식으로 표현하고, 이를 이용하여 쉽고 편리하게 최적의 방법으로 의사 결정을 해 봄으로써 수학의 실용성을 느낄 수 있도록 해 줍니다. 무엇보다도 간단한 일차식이나 일차부등식만을 이용하여 최적의 의사 결정을 할 수 있다는 사실을 이해함으로써 수학의 힘을 느낄 수 있도록 합니다.

② 복잡한 문제 상황도 식이나 표로 간단히 표현할 수 있으며, 간단히 나타낸 식이나 표를 이용하여 쉽게 문제를 해결할 수 있음을 알 수 있도록 합니다.

③ 식이나 문장으로 표현된 것을 그림으로 나타내면 상황을 보다 간단하고 쉽게 이해할 수 있어, 그 문제를 해결하는 데도 큰 도움이 됨을 이해할 수 있습니다.

3 교과 연계표

학년	단원(영역)	관련된 수업 주제 (관련된 교과 내용 또는 소단원명)
중 2	변화와 관계	일차부등식
고 1	방정식과 부등식	여러 가지 방정식과 부등식

4 수업 소개

1교시 부등식과 그 해

최적의 의사 결정을 목표로 하는 복잡한 문제 상황을 부등식으로 간단히 표현해 보고, 부등식의 성질을 이용하여 부등식의 해를 구하는 방법에 대해 공부합니다.

- **선행 학습** : 등식, 방정식, 등식의 성질
- **학습 방법** : 부등호 $>$, $\geq$, $<$, $\leq$ 를 사용하여 수량 사이의 관계를 부등식으로 나타내고, 부등식을 성립시키는 해에 대해서도 알아봅니다. 또 부등식의 성질을 이용하여 부등식의 해를 구하거나 복잡한 부등식을 간단히 나타낼 수 있음을 이해합니다. 나아가 복잡한 문제 상황을 부등식으로 나타내 봄으로써 보다 쉽게 문제를 이해할 수 있음도 공부합니다.

2교시 부등식을 그래프로 나타내면

일차부등식과 이차부등식의 여러 가지 형태의 부등식의 해를 수직선이나 좌표평면 위에 나타내어 봅니다.

- **선행 학습**: 미지수가 2개인 일차방정식의 그래프, 이차함수 $y=ax^2$의 그래프, 원의 방정식 $x^2+y^2=r^2$의 그래프
- **학습 방법**: 미지수가 1개인 일차부등식의 해를 수직선 위에 나타내어 봅니다. 또 미지수가 2개인 일차부등식, $x>(수)$와 $x<(수)$, $y>(수)$와 $y<(수)$ 형태의 부등식, 이차부등식 $y>x^2$, $y<x^2$, $x^2+y^2<r^2$, $x^2+y^2>r^2$의 해를 좌표평면 위에 나타내는 방법에 대해 공부하고 그 모양이 어떻게 나타나는지에 대해 알아봅니다.

3교시 연립부등식의 영역

여러 가지 형태의 연립부등식의 해를 좌표평면 위에 나타내 봅니다.

- **선행 학습**: 연립방정식
- **학습 방법**: 미지수가 2개인 두 일차부등식을 한 쌍으로 묶어 나타낸 연립부등식이나 일차식과 이차식을 한 쌍으로 묶어 나타낸 연립부등식 등 여러 가지 형태의 연립부등식의 해를 좌표평면 위에 나타내 봅니다.

4교시 부등식의 영역을 이용한 최대·최소 문제의 해결

부등식의 영역을 이용하여 이윤을 최대화시키는 문제나 비용을 최소화시키는 문제를 해결해 보고, 선형계획법과 최적화 이론에 대해 알아봅니다.

- **선행 학습** : 일차함수 $y=ax+b$의 그래프
- **학습 방법** : 이윤을 최대화시키는 문제나 비용을 최소화시키는 문제에서 부등식의 영역을 이용하여 어떻게 최적의 의사 결정을 하는지에 대해 공부합니다. 또 일차식이나 일차부등식으로 나타낸 부등식 영역을 이용하는 최적의 의사 결정 방법을 선형계획법이라고 하며 이 방법이 최적화 이론의 한 방법임을 알아봅니다.

5교시 특수한 형태의 선형계획 문제 – 수송 문제

수송 문제를 해결하기 위해 수송표를 이용하는 방법에 대해 알아보고, 최초해 및 최적해를 구하는 방법에 대해 알아봅니다.

- **학습 방법** : 수송 문제를 해결하기 위해 수송표를 이용하는 방법에 대해 알아봅니다. 또 북서 코너법과 최소 비용법을 이용하여 최초해를 구하는 방법에 대해 공부하고 디딤돌법을 이용하여 최적해를 구하는 방법에 대해서도 공부합니다.

댄치그를 소개합니다
George Bernard Dantzig(1914~2005)

'최대의 이익'이나 '최소의 비용'을 알아보기 위한 방법인 선형계획법은 현재까지 알려져 있는 경영 과학 기법 중에서 가장 중요하고 널리 이용되고 있어요.

1947년 나에 의해 개발된 이래 기업 경영 등 사기업의 문제부터 국방 관리, 국가 경제 운영, 공공 부문의 문제에 이르기까지 많은 경비 절감을 실현한 기본적인 방법으로 인식되고 있지요.

여러분, 나는 댄치그입니다

안녕하세요? 나는 댄치그라는 수리 경제학자예요. 주로 선형계획과 경영 과학을 연구했지요. 앞으로 나와 공부하게 될 내용도 '선형계획'이라는 것으로, 나의 전문 분야랍니다. 물론 지금 여러분에게 이 선형계획이라는 말은 많이 낯설 거예요. 현재의 고등학교 교과 과정에서는 경제 수학의 '함수와 경제'라는 단원에서 그 내용의 일부를 소개하고 있기는 하지만, 거기서도 선형계획이라는 단어는 사용하고 있지 않기 때문이죠. 하지만 이제부터 나를 믿고 잘 따라오면 '선형계획'이라는 것이 어떤 것이고, 또 그것이 우리 생활에 어떤 도움을 주는지 잘 알게 될 거예요.

나는 1914년 11월 8일 미국 오리건주 포틀랜드라는 곳에서 태어났어요. 아버지인 토비아스 댄치그와 어머니인 아냐 댄치그라는 분들 밑에서 자랐죠. 어릴 적 아버지는 내가 작가가 되길 바라는 마음에 나의 가운데 이름을 '버나드'로 지었습니다. 버나드란, 아일랜드의 유명한 극작가 버나드 쇼Bernard Shaw의 그 버나드죠. 하지만 나는 아버지의 뜻대로 되지 않았어요. 일부러 그 뜻을 거역하고자 한 것은 아니었지만 나는 수학자가 되었고, 그것은 내가 자라면서 수학에 관심을 가지고 어려운 문제를 풀어 나갈 때마다 성취감을 느꼈기 때문일 것입니다.

나의 아버지 토비아스 댄치그 역시 매우 유명한 수학자랍니다. 아버지는 1884년 리투아니아구 러시아 제국에서 출생했어요. 젊은 시절 반차르反Tsar：그들의 왕에게 반대한다는 뜻으로, 차르는 러시아 제국 때 군주를 칭하는 말 유인물을 배포하다 잡혀서 파리로 도망쳤고, 그곳에서 위상수학의 대가인 앙리 푸앵카레 아래에서 공부하였답니다. 그리고 파리에서 나의 어머니인 아냐를 만나, 소르본 대학에서 수학을 공부하다가 1910년 미국으로 건너왔습니다. 1916년 수학 박사 학위를 받은 인디애나 대학에서 교수직을 얻기 전까지 벌목꾼, 도로 건설 노동자, 페인트칠공 등 여러 일을 전전했지요. 대단한 분이죠. 그리고 아버지는 존스홉킨스 대학과 메릴랜드 대학에서 수업하였으며, 수학과 학과장을 지내기도 했어요. 아버지는 앙리 푸앵카레라는 유명한 수학자의 제자이자 훌륭한 수학과 교수였던 거죠. 그는 1930년에 《수, 과학의 언어》라는 책을 출간하기도 하였는데, 이 책을 읽은 아인슈타인은 다음과 같은 찬사를 남겼다고 합니다.

"이 책은 지금까지 내가 읽은 수학 전개에 관한 책 중에서 의심할 여지 없이 가상 흥미로운 책이다."

나는 존경하는 아버지에게 항상 많은 질문을 했어요. 그럴 때마다 연구에 몰두해야 하는 아버지는 나에게 많은 기하 문제를 내 주곤 했죠. 항상 질문해 대는 내가 많이 귀찮았던 거예요. 하지만 나는 그로 인해 점차 수학에 빠져들기 시작했답니다. 언젠가 나는 나의 일기장에 "기하는 정말로 나를 흥분시킨다."라고 쓴 적이 있어요.

나는 칼리지파크에 위치한 메릴랜드 대학에 입학하여 1936년 여름에 결혼했어요. 그 후 대학원에 입학하여 통계학을 공부하였는데, 하지만 당시 나는 통계가 단지 속임수에 불과하다고 생각하고 있었답니다. 그런데 1937년 워싱턴디시에 있는 미국 노동 통계 사무소에서 일할 기회가 있어서 그곳의 일을 하며 통계가 얼마나 유용하고 우리 생활에 많이 활용되고 있는지를 깨닫게 되었어요. 그때 버클리 대학교에서 통계학을 가르치던 폴란드 출신 미국인 수리통계학자인 네이만Jerzy Neyman 교수와 친분을 쌓으며 함께 연구할 수 있었습니다. 수학적으로 재능이 많은 사람들과 함께 연구한다는 것은 내게 여러 가지를 배울 수 있는 아주 좋은 기회였답니다. 나는 그 시간을 통해 그동안 내가 가지고 있던 통계학에 대한 잘못된 생각을 완전히 바꿀 수 있게 되었습니다. 그래서 나는 아예 네이만 교수에게 편지를 써 그의 지도를 받고 싶다고 했어요. 그러자 놀랍게도 네이만 교수는 나의 이런 부탁을 흔쾌히 받아 주었어요.

당시에 무척 재미있는 일이 있었어요. 네이만 교수님의 강의를 듣던 어느 날 나는 그만 늦잠을 자는 바람에 수업에 지각을 하고 말았는데 칠판 상단에 두 개의 문제가 별도로 적혀 있는 것을 봤어요. 늦게 들어온 처지에 교수님에게 이것저것 물어보기도 뭣해서 숙제이겠거니 싶어 조용히 적어 간 다음 며칠 후 과제물을 제출했어요. 그리고 문제를 제출한 날 오후에 집에 돌아와 공부를 하고 있는데 밖에서 누가 요란하게 문을 두드리는 거예요. 나가 보니 뜻밖에도 네이만 교수님이 서 있었어요. 칠판에 적어 놓은 두 문제는 '풀리지 않는 문제'의 예로 적은 것이었다고 설명하면서, 내가 제출한 과제물 중 첫 번째 문제에 대한 풀이를 '댄치그의 답안'이라는 이름으로 학술지에 실었으면 한다고 말씀하셨답니다. 그때는 정말 흥분 그 자체였죠. 나의 멋진 모습을 교수님께 보일 수 있음은 물론, 내 글이 학술지에 실린다니 뛸 듯이 기뻤어요. 나중에 내가 스탠퍼드 대학의 교수가 되었을 때 1986년 한 인터뷰에서 이 에피소드를 소개했는데, 이 이야기가 바로 영화 〈굿 윌 헌팅〉의 바탕이 되었습니다. 시간이 좀 더 흐른 후에, 네이만 교수님이 칠판에 써 놓았던 문제 중 두 번째 문제에 대하여 1950년 아브라함 왈드Abraham Wald와 공동으로 논문을 쓰기도 했는데 그것이 문제에 대한 정확한 풀이라고 생각지는 못했어요. 하지만 한 논문 심사자가 전화를 걸어 결국 그 문제도 해결한 것이라는 사실을 알려 주더군요.

　나는 대학원에 다니던 중에 미국 공군의 전투력과 관련된 통계 업무를 맡아 일하기도 했어요. 그래서 나는 졸업 후 교수가 되는 대신 미국 국방부에 남아 새로 설립한 공군 부서 감사관의 수학 자문을 하기로 했습니다. 물론 당시에는 급료가 많은 교수 자리를 얻게 될 때까지 한시적으로 하기로 한 것이지만, 운명이었던지 나는 그곳에서 선형계획을 발명하는 길로 한 걸음씩 접어들게 되었습니다. 국방부에서 내가 했던 일은 탁상용 계산기와 IBM 회계 기술을 활용하여 공군 부대와 장비의 배치, 훈련 및 물자 지원과 관련된 계산을 어떻게 체계화할 수 있는지를 연구하는 것이었어요. 이를 위해 바실리 레온티에프의 각 산업 간 모델의 체제를 조금 변형하여 일반화시켜 보았는데, 예상대로 처음으로 새롭게 정의된 선형계획 체제가 내포되어 있는 실제적이고 중요한 문제들을 수학적으로 나타낼 수 있었답니다. 그때가 1947년 7월이었는데, 여름이 끝나 갈 즈음 결국 그 문제들을 해결하기 위한 심플렉스법을 개발했어요.

 1952년까지 나는 공군의 기획 과정planning process을 빨리 처리하기 위한 방법을 연구하는 SCOOPScientific computation of optimal programs라는 이름의 프로젝트를 수행하는 팀에 주요 수학자로 참여하기도 했어요. 공군에서의 이 연구는 작전 연구OR와 수리계획법을 연구하는 데 큰 도움이 되었답니다. 선형계획법 문제에 대하여 처음으로 설명하기도 하고 다양한 분야에서 의사 결정 문제들이 있다는 것을 주장하는가 하면 심플렉스법을 완성하기도 했어요. 심플렉스 알고리즘은 1963년에 설립된 미국 전기 전자 기술자 협회인 IEEE에서 20세기의 중요한 10개의 알고리즘의 하나로 선정하기도 했습니다. 1952년 6월에는 미국의 국방에 관한 계획과 예산을 연구하는 기관인 RAND 연구소로 자리를 옮겨 연구했어요. 그리고 1975년에는 티알링 코프만스미국와 레오니트 칸토로비치러시아가 자원의 최적 배분에 대한 이론에 관한 연구, 즉 선형계획법 또는 경제학 용어로 선형 활동 분석과 같은 확장된 연구로 노벨 경제학상을 받았어요. 나중에 들으니 코프만스는 나와 공동으로 수상하지 못한 것에 대해 괴로워하면서 내가 받아야 할 상금만큼에 해당하는 금액인 4만 달러를 국제 응용 시스템 연구소IIASA에 기부하였다고 하더군요.

 1966년 나는 캘리포니아 대학으로 옮겨 1985년 퇴직할 때까지 작전 연구 분야와 컴퓨터 과학 분야에 대하여 학생들을 가르치며 연구를 계속했어요. 물론 퇴직한 후에도 완전히 연구에서 손을 뗄 수 없어서 내 힘이 닿는 대로 줄곧 연구에 몰두하고 그 성과물을 발표하기도 했답니다.

지금까지 조금 길게 나에 대한 소개를 했는데요. 아무래도 나와 함께 앞으로 수업을 진행해 나가려면 나에 대해서 잘 알고 있어야 하지 않나 싶어서 그랬습니다. 그럼 이제부터는 선형계획이 무엇인지 본격적으로 배워 보도록 합시다.

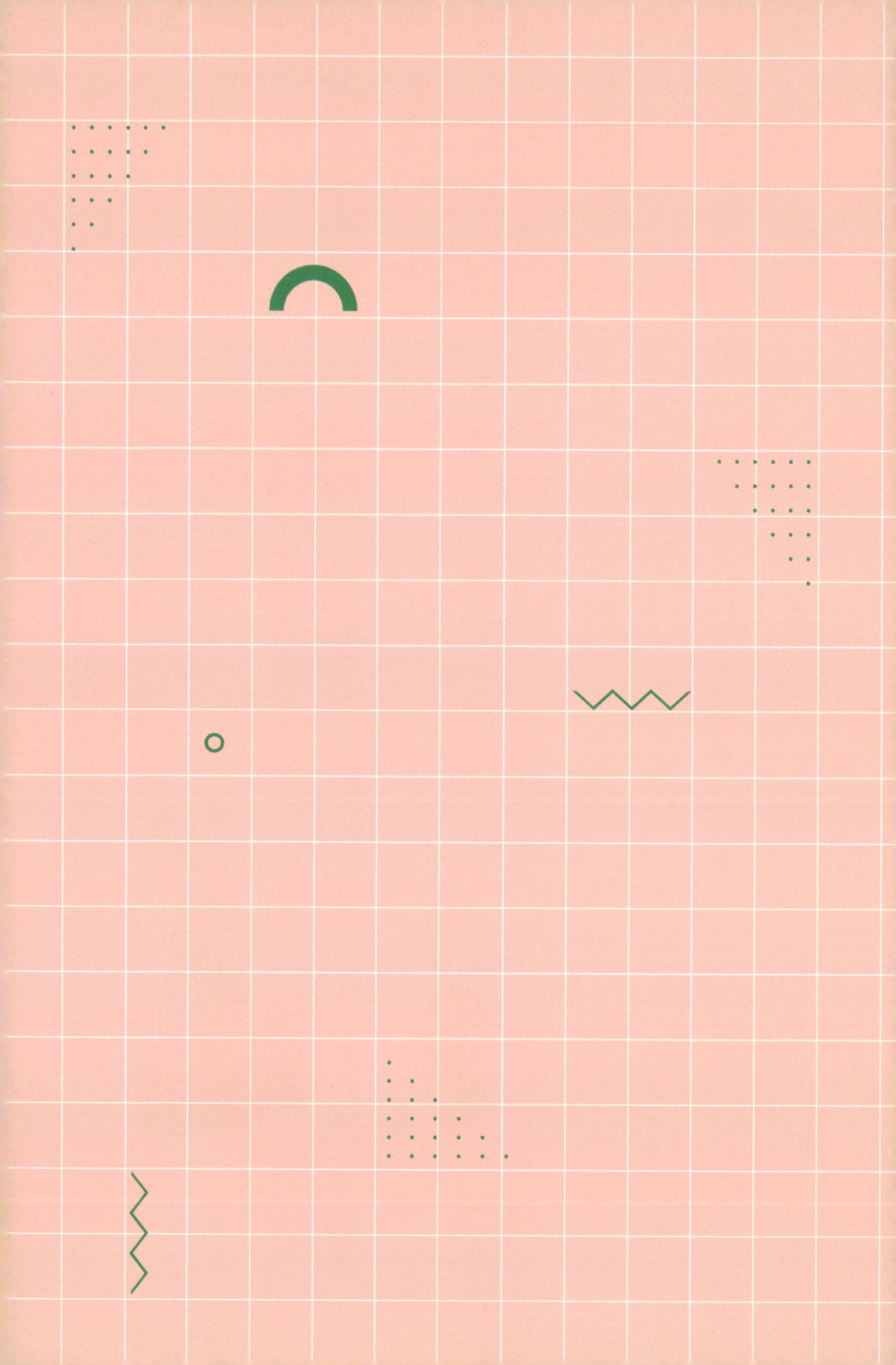

1교시

부등식과 그 해

부등식의 뜻과 성질에 대해 배워 봅니다.

수업 목표

1. 부등식의 뜻에 대해 알아봅니다.
2. 부등식의 성질에 대해 알아봅니다.
3. 부등식의 성질을 이용하여 부등식을 간단히 정리해 봅니다.

미리 알면 좋아요

1. 등식

(1) 등호 =를 사용하여 두 수 또는 식이 같음을 나타낸 식을 등식이라고 합니다.
(2) 등식에서 등호의 왼쪽 부분을 좌변, 오른쪽 부분을 우변이라 하고 좌변과 우변을 통틀어 양변이라고 합니다.

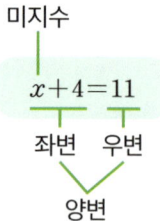

2. 방정식

(1) 미지수의 값에 따라 참이 되기도 하고 거짓이 되기도 하는 등식을 방정식이라고 합니다.
(2) 미지수 : 방정식에 있는 x, y 등의 문자.
(3) 방정식의 해근 : 방정식을 참이 되게 하는 미지수의 값. 예를 들어, 미지수가 x인 방정식 $x+4=11$에 $x=7$을 대입하면 $7+4=11$로 참이 됩니다. 따라서 $x=7$은 방정식 $x+4=11$의 해입니다.

(4) 방정식을 푼다 : 방정식의 해 또는 근을 구하는 것.

3. 등식의 성질

(1) 어떤 등식이 있을 때,

① 양변에 같은 수를 더하여도 등식은 성립합니다.
　　$a=b \Rightarrow a+c=b+c$

② 양변에 같은 수를 빼도 등식은 성립합니다.
　　$a=b \Rightarrow a-c=b-c$

③ 양변에 같은 수를 곱하여도 등식은 성립합니다.
　　$a=b \Rightarrow ac=bc$

④ 양변을 0이 아닌 같은 수로 나누어도 등식은 성립합니다.
　　$a=b,\ c \neq 0 \Rightarrow a \div c = b \div c$

(2) 등식의 성질을 이용하여 $x=(수)$의 꼴로 고쳐 방정식의 해를 구할 수 있습니다.

예를 들어, 방정식 $2x+3=-5$의 해를 구해 보기로 합니다. 먼저 양변에 3을 빼면 $2x+3-3=-5-3$

➡ 등식의 성질 ②를 이용하여 양변을 정리하면 $2x=-8$

➡ 다시 양변을 2로 나누면 $\dfrac{2x}{2}=\dfrac{-8}{2}$

➡ 등식의 성질 ④를 이용하면 $x=-4$가 됩니다.

댄치그의
첫 번째 수업

안녕하세요. 나는 댄치그라고 해요. 여러분과 함께 공부하게 되어 반가워요. 앞으로 여러분과 함께 공부할 내용은 내가 가져온 이 편지와 관계있어요. 먼저 이 편지를 읽으면서 첫 번째 수업을 시작하도록 하겠습니다.

이 편지는 10여 년 전에 나에게 수학을 배웠던 한 제자가 보낸 것인데, 내가 수학자인지라 제자들에게서 가끔 이렇게 도움을 청하는 편지를 받곤 합니다. 어떤 내용인지 한번 읽어 볼까요?

선생님, 안녕하세요?

선생님께 수학을 배웠던 이수민입니다. 기억하실지 모르겠습니다. 건강하시죠? 그동안 한 번도 찾아뵙지 못하고 이렇게 갑자기 편지를 보내 드리게 되어 너무 죄송합니다.

10년이라는 세월이 흘렀으니 선생님께서도 많이 변하셨을 것 같아요. 저도 그동안 훌쩍 커서 대학을 졸업하고 음료 회사에 취직하여 지금은 기획 부서에서 일하고 있습니다. 먼저 이렇게 갑자기 편지를 쓰게 된 이유에 대해 말씀드리겠습니다. 저희 회사에서는 이번에 크랜베리주스와 사과주스를 혼합하여 크랜애플과 애플베리라는 음료를 개발하여 판매할 계획을 세우고 있습니다.

제가 기획 부서에서 근무하다 보니 이 일과 관련하여 여러 가지 사항을 점검하고 전체적인 계획을 세워야만 합니다. 또 어느 정도의 이익이 날 것인지도 미리 알아보아야 합니다. 하지만 저 혼자 이 일을 처리하기가 벅차 선생님께 도움을 청하게 되었습니다.

    회사에서는 150컵의 크랜베리주스와 90컵의 사과주스를 사용하여 두 종류의 음료를 만들려고 합니다. 1kg의 크랜애플 음료는 크랜베리주스 3컵과 사과주스 1컵으로 만들고, 1kg의 애플베리 음료는 크랜베리주스 2컵과 사과주스 2컵으로 만들려고 합니다. 또 크랜애플 음료 1kg으로부터 300원의 이윤을, 애플베리 음료 1kg으로부터는 400원의 이윤을 남기려고 합니다.

    저희가 준비한 두 종류의 주스의 양을 이용하여 두 종류의 음료를 만들어 판매할 때, 이윤을 최대로 남기고 싶습니다. 그러려면 크랜애플 음료와 애플베리 음료를 각각 얼마씩 만드는 것이 좋을까요?

    뵙지 못하고 이렇게 편지로 말씀을 드리게 되어 정말 죄송하게 생각하지만 이 문제를 꼭 해결해 주실 것을 부탁드립니다. 조만간 직접 찾아뵙고 인사드리겠습니다.

"와! 정말 어려운 문제인 것 같아요."

"수학으로 이렇게 복잡한 문제를 해결할 수 있나요?"

그렇죠? 내가 보기에도 무척 복잡하고 어려운 문제인 것처럼 보입니다. 하지만 만능 해결사인 수학을 이용하면 충분히 해결할 수 있답니다. 지금은 복잡해 보이지만 내가 안내하는 대로 잘 따라오면서 함께 공부하다 보면 매우 쉽고 간단하게 해결할 방법을 찾게 될 것입니다.

우선, 수민이의 문제 해결에 앞서 이 편지에서 '말로 나타낸' 정보를 우리가 좀 더 이해하기 쉽게 정리할 필요가 있어요.

이를 위해 먼저 편지의 내용 중에서 우리가 알 수 있는 중요한 정보를 칠판에 적어 볼까요? 하나씩 말해 보세요.

"회사에서 두 가지 음료를 만들어 팔려고 해요."

"그 두 가지 음료를 각각 몇 개씩 만들 것인지를 결정해야 해요!"

"그러면서도 이익을 가장 많이 남기는 방법을 생각해야 해요."

"재료로 크랜베리주스와 사과주스를 사용해야 해요."

"재료로 사용하는 두 주스의 양이 정해져 있어요."

"또 두 주스를 섞는 양도 정해져 있어요."

"두 음료를 각각 1kg씩 판매할 때 이익을 얼마씩 남기려고 하는지도 정해져 있어요."

와, 짧은 편지글 속에 정말 많은 내용이 들어 있군요. 수민이의 고민을 해결하려면 칠판에 적은 여러 가지 내용이나 조건을 하나도 빠뜨리지 않고 꼼꼼히 따져 가면서 알아봐야 할 것 같아요.

하지만 이렇게 나열해 놓기만 하면 문제에 나타난 여러 가지 정보를 정리했다고 할 수 없어요. 문제 상황을 정리하는 좋은 방법 중 하나는 표를 만드는 것입니다. 이것은 '말로 나타낸' 정보를 필요한 수식이나 수학적 관계로 쉽게 바꾸도록 하는 데 도움이 됩니다. 만들고자 하는 제품인 크랜애플 음료와 애플베리 음료는 세로줄에 나타내고, 제품과 관련하여 사용하는 재료와 이윤에 관한 정보를 가로줄에 나타내어 다음과 같은 표를 만들 수 있습니다.

	제품	
	크랜애플 음료 1kg	애플베리 음료 1kg
(1) 크랜베리주스	3컵	2컵
(2) 사과주스	1컵	2컵
(3) 이윤	300원	400원

한편 공장에서 만들어야 하는 크랜애플 음료와 애플베리 음

료의 개수를 현재는 알지 못하기 때문에, 만들어야 하는 크랜애플 음료의 수를 문자 x로 나타내고, 애플베리 음료의 수를 문자 y로 나타내어 다음과 같이 표를 변형할 수도 있습니다. 이것은 앞의 표에 비해 문제 해결 과정에서 수식으로 보다 편리하고 쉽게 나타내는 데 도움이 됩니다.

	제품	
	크랜애플 음료 $x$kg	애플베리 음료 $y$kg
(1) 크랜베리주스	$3x$	$2y$
(2) 사과주스	x	$2y$
(3) 이윤	$300x$	$400y$

이제 이렇게 정리한 표를 이용하여 필요한 수식으로 나타내고 이 수식을 이용하여 문제를 해결하는 일이 남아 있습니다.

그런데 수민이가 고민하는 것처럼 여러 가지 조건을 동시에 만족하면서 뭔가 중요한 것을 가장 좋은 방법으로 결정하고자 하는 이와 같은 일은 실제로 우리가 일상생활에서 흔히 부딪힐 수 있는 일이기도 해요. 특히 회사나 정부, 배달업체 등에서는 종종 편지에서와 같이 여러 가지 제한 조건을 만족시키면서 이익을 최대로 하거나 경비를 최소로 하기 위해 매우 복잡한 결정을 내려야 할 때가 많아요.

이를테면 어떤 제품을 몇 개씩 만들까? 제품을 만들기 위해 어떤 재료를 얼마나 사용하는 것이 좋을까? 가지고 있는 재료로 제품을 얼마나 만들 수 있을까? 이윤을 남기기 위해서 얼마에 판매해야 할까? 각기 다른 판매장에 제품을 몇 개씩 배달해야 할까? 등등.

그런데 이런 문제는 추측하여 결정하거나 무작정 만들어 보면서 몇 번의 시행착오를 거쳐 그중에서 가장 좋은 것을 선택하는 등의 주먹구구식 방법으로는 해결할 수 없어요. 그런 방법보다 훨씬 더 나은 최적의 방법이 있을지 정확히 알 수 없기 때문이에요.

실제로 회사를 경영하는 사람들이나 정부 관계자들은 이와 같이 무언가를 결정할 때 선형계획법이라는 수학적 방법을 많이 활용합니다. 선형계획법이란 말을 들어 본 적은 있나요?

"없어요."

그렇죠! 하지만 지금 여기에서 그 방법을 한마디로 간단히 설명하기가 어려워 자세한 설명은 앞으로 3~4시간에 걸쳐 차

차 하기로 하고 지금은 선형계획법이라는 용어에 대해서만 간단히 알아보기로 해요.

'선형'이라는 말에는 '1차의'라는 뜻이 담겨 있어요. 실제로 선형계획법에서 활용하는 수학 내용은 일차식, 일차방정식, 일차부등식과 관련이 있습니다. 따라서 '선형계획법으로 의사 결정을 한다.'는 것은 바로 일차식과 일차방정식, 일차부등식을 활용하여 의사 결정을 한다는 것임을 짐작할 수 있어요. 선형계획은 제2차 세계 대전 때 작전의 최적화를 위해 수치적 기법의 필요성을 느끼면서 개발되었어요. '일차식, 일차방정식, 일차부등식만으로 의사 결정을 한다!'는 사실을 지금은 이해하기 어렵겠지만 몇 시간 뒤에는 정확히 알게 될 거예요.

따라서 선형계획법을 정확히 알기 위해서는 먼저 일차식, 일차방정식, 일차부등식에 대해 정리하고 알아 둘 필요가 있어요. 물론 이 편지의 상황 또한 일차부등식과 일차식으로 간단히 나타낼 수 있고요. 따라서 문제를 해결하기 위한 선형계획법을 배우기에 앞서 먼저 부등식에 대해서 자세히 알아보도록 하겠습니다. 다음을 보세요.

(1) 7에 2를 더하면 8보다 크다.
(2) 동생 나이 x살과 동생보다 4살이 더 많은 내 나이를 합해도 25살이 안 된다.
(3) 1개에 300원인 사과 x개와 1개에 200원인 자두 4개의 값은 2000원 이상이다.

자! (1)에서 (3)까지의 내용을 식으로 나타내 보세요.

"⑴은 7+2>8이에요."

"⑵는 동생의 나이가 x살이니까 내 나이는 $x+4$살이고 따라서 식으로 나타내면 $x+(x+4)<25$예요."

"⑶은 300원짜리 사과 x개의 값은 $300x$원이고, 200원짜리 자두 4개의 값은 800원이므로 $300x+800 \geq 2000$이 돼요."

그래요. 이와 같이 부등호 >, ≥, <, ≤를 사용해서 수량 사이의 관계를 나타낸 식을 부등식不等式, inequality이라고 합니다. 부등식에서도 방정식에서와 마찬가지로 부등호의 왼쪽 부분을 좌변, 오른쪽 부분을 우변이라 하며, 좌변과 우변을 통틀어 양변이라고 합니다.

또 방정식은 x의 값에 따라 참이 되기도 하고 거짓이 되기도 하는데, 이때 참이 되는 x의 값을 방정식의 해라고 합니다. 부등식 또한 x의 값에 따라 참이 되기도 하고 거짓이 되기도 하며, 마찬가지로 부등식을 참이 되도록 하는 x의 값을 부등식의 해라고 합니다.

구체적인 예를 들어 알아볼까요? x가 집합 {1, 2, 3}의 원소일 때 부등식 $7-2x>2$에서 x의 값을 실제로 대입하여 부등식이 참이 되게 하는 x의 값을 알아봅시다.

$x=1$일 때, $7-2\times1=5>2$이므로 **참**
$x=2$일 때, $7-2\times2=3>2$이므로 **참**
$x=3$일 때, $7-3\times2=1<2$이므로 **거짓**

그러므로 부등식 $7-2x>2$의 해는 1과 2입니다. 이와 같이 부등식의 경우에는 해가 여러 개가 있을 수 있어요. 이 경우에

해 1과 2를 원소로 하여 집합으로 나타내기도 하는데 이렇게 나타낸 {1, 2}를 해집합이라고 하며, 해를 모두 구하는 것을 '부등식을 푼다.'라고 합니다.

"선생님! 그럼 부등식의 해를 구하기 위해 위와 같이 x에 일일이 수를 대입해야 하는 걸까요? 이 방법은 시간이 너무 많이 걸려요. 또 복잡한 부등식의 경우에는 계산도 쉽지 않을 것 같고요."

"방정식에서는 등식의 성질이나 이항을 이용해서 식을 간단히 하고 해를 금방 구할 수 있는데……. 선생님, 부등식에서는

그런 것이 없나요?"

그럴 리가 있나요? 등식의 성질과는 매우 유사하면서도 조금 다른 성질이 있답니다. 이해를 쉽게 하기 위해 예를 들어 알아보기로 합시다.

부등식의 성질 (1)

일반적으로 부등식의 양변에 같은 수를 더하거나 양변에 같은 수를 빼도, 부등호의 방향은 바뀌지 않는다.

가령, 부등식 2＜4에 대하여

(1) 부등식 2＜4의 양변에 같은 수 2를 더하면, 2＋2＜4＋2입니다. 이때 4＜6이므로 부등호의 방향은 바뀌지 않습니다.

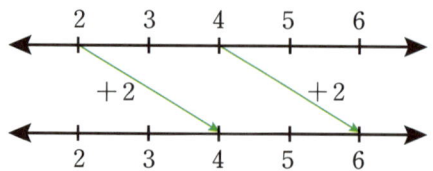

(2) 부등식 2<4의 양변에서 같은 수 2를 빼면, 2-2<4-2 입니다. 이때 0<2이므로 역시 부등호의 방향은 바뀌지 않습니다.

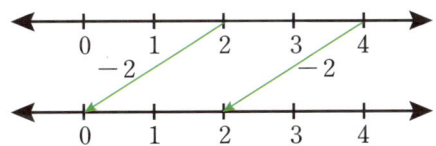

쏙쏙 이해하기

부등식의 성질 (2)

일반적으로 부등식의 양변에 같은 양수를 곱하거나 같은 양수로 나누어도, 부등호의 방향은 바뀌지 않는다.

(3) 부등식 2<4의 양변에 같은 수 2를 곱하면, 2×2<4×2입니다. 이때 4<8이므로 부등호의 방향은 바뀌지 않습니다.

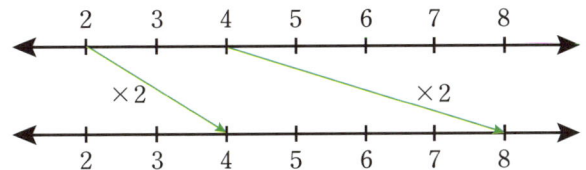

(4) 부등식 2<4의 양변을 같은 수 2로 나누면, 2÷2<4÷2 입니다. 이때 1<2이므로 이 경우에도 역시 부등호의 방향은 바뀌지 않습니다.

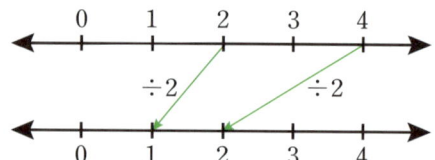

부등식의 성질 (3)

일반적으로 부등식의 양변에 같은 음수를 곱하거나 같은 음수로 나누면, 부등호의 방향은 바뀐다.

(5) 그러나 부등식 2<4의 양변에 같은 수 −2를 곱하면, 2×(−2)>4×(−2)가 됩니다. 이때 −4>−8이므로 계산 결과 부등호의 방향은 바뀌게 됩니다.

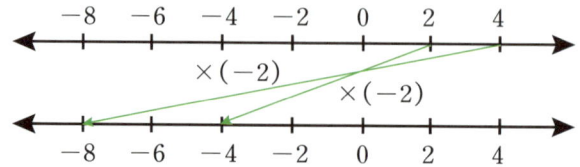

(6) 마찬가지로 부등식 2<4의 양변을 같은 수 −2로 나누면, 2÷(−2)>4÷(−2)입니다. 이때 −1>−2이므로 이 경우에도 계산 결과 부등호의 방향은 바뀌게 됩니다.

특히 이 부등식의 성질 중에서 부등식의 양변에 같은 음수를 곱하거나 나눌 때 계산 결과 부등호의 방향이 바뀌는 것은 그

내용을 충분히 이해할 필요가 있습니다. 양변에 음수를 곱한 다음 부등호 방향을 바꾸지 않고 계산하면 그 결과가 완전히 달라지기 때문입니다.

이제 부등식의 성질을 모두 충분히 익혔으니 일차부등식 $2x+4<18$을 보다 단순한 형태로 변형해 볼까요?

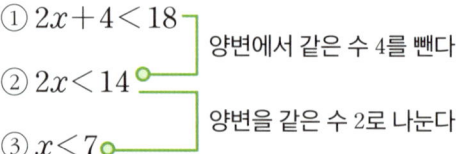

이때 방정식의 경우와 마찬가지로 위의 세 부등식의 경우, 형태는 달라졌지만 해의 집합은 서로 같습니다. 이와 같이 형태는 다르지만 해의 집합이 같은 여러 부등식을 상등인 부등식이라고 합니다.

일반적으로 x가 수 전체의 집합의 원소일 때, 미지수가 1개인 부등식의 해는 간단히 $x>(수), x<(수), x\leq(수), x\geq(수)$ 중 어느 한 가지의 꼴로 나타냅니다. 이를테면 위의 부등식 $2x+4<18$의 해는 간단히 부등식 $x<7$로 나타냅니다.

그럼 이번에는 일차부등식이긴 하지만 미지수가 2개인 일차부등식에 대해서 알아보기로 하겠습니다. 다음의 상황은 2개의 미지수를 사용하여 부등식으로 나타낼 수 있습니다.

> 어떤 수 x를 2배한 것은 어떤 수 y에 3을 더한 것보다 작지 않다.
>
> ➡ $2x \geq y+3$

수민이가 보낸 편지에서의 문제 상황 역시 미지수가 2개인 일차부등식으로 나타낼 수 있습니다. 먼저 미지수 x와 y는 크랜애플 음료와 애플베리 음료의 생산량을 나타내므로 음수가 될 수 없습니다. 이것은 곧 $x \geq 0, y \geq 0$이 되어야 한다는 것을 의미합니다. 또 '150컵의 크랜베리주스와 90컵의 사과주스를 사용하여'라는 말은 곧, 사용할 수 있는 크랜베리주스와 사과주스는 각각 150컵과 90컵을 초과할 수 없다는 말이므로 이것은 다음과 같은 두 일차부등식으로 나타낼 수 있습니다.

$$3x+2y \leq 150, x+2y \leq 90$$

	제품	
	크랜애플 음료 $x$kg	애플베리 음료 $y$kg
(1) 크랜베리주스	$3x$	$2y$
(2) 사과주스	x	$2y$
(3) 이윤	$300x$	$400y$

 이와 같이 표를 이용할 경우 손쉽게 다시 식으로 나타낼 수 있다는 장점이 있습니다. 더불어 $x$kg의 크랜애플 음료와 $y$kg의 애플베리 음료를 생산하여 판매할 때의 총이윤을 A라 하면 다음과 같은 이윤을 나타내는 식을 얻을 수 있습니다.

$$A = 300x + 400y$$

 한편 미지수가 2개인 일차부등식의 경우에도 부등식의 성질을 이용하여 해집합이 같으면서도 보다 단순한 형태의 부등식으로 나타낼 수 있습니다. 예를 들어, 다음 부등식을 살펴보기로 합시다.

$$9x+2y-2 \geq 7x+4$$

이 부등식은 다음과 같은 과정을 통해 보다 간단한 식으로 다시 나타낼 수 있습니다.

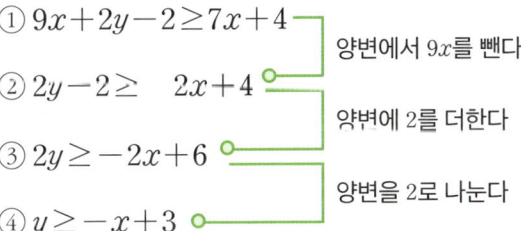

이때 각 단계의 부등식 역시 원래의 부등식과 해의 집합이 같은 상등인 부등식입니다.

수업정리

❶ 부등식

(1) 부등호 $>$, $\geq$, $<$, $\leq$를 사용하여 수량 사이의 관계를 나타낸 식

(2) 부등식의 해 : 부등식을 참이 되도록 하는 x의 값

(3) 부등식을 푼다 : 부등식의 해를 모두 구하는 것

❷ 부등식의 성질

(1) 부등식의 양변에 같은 수를 더하거나 같은 수를 빼도, 부등호의 방향은 바뀌지 않는다.

$$a>b \Rightarrow a+c>b+c, a-c>b-c$$

(2) 부등식의 양변에 같은 양수를 곱하거나 같은 양수로 나누어도, 부등호의 방향은 바뀌지 않는다.

$$a>b, c>0 \Rightarrow ac>bc, a \div c>b \div c$$

(3) 부등식의 양변에 같은 음수를 곱하거나 같은 음수로 나누면, 부등호의 방향은 바뀐다.

$$a>b, c<0 \Rightarrow ac<bc, a \div c<b \div c$$

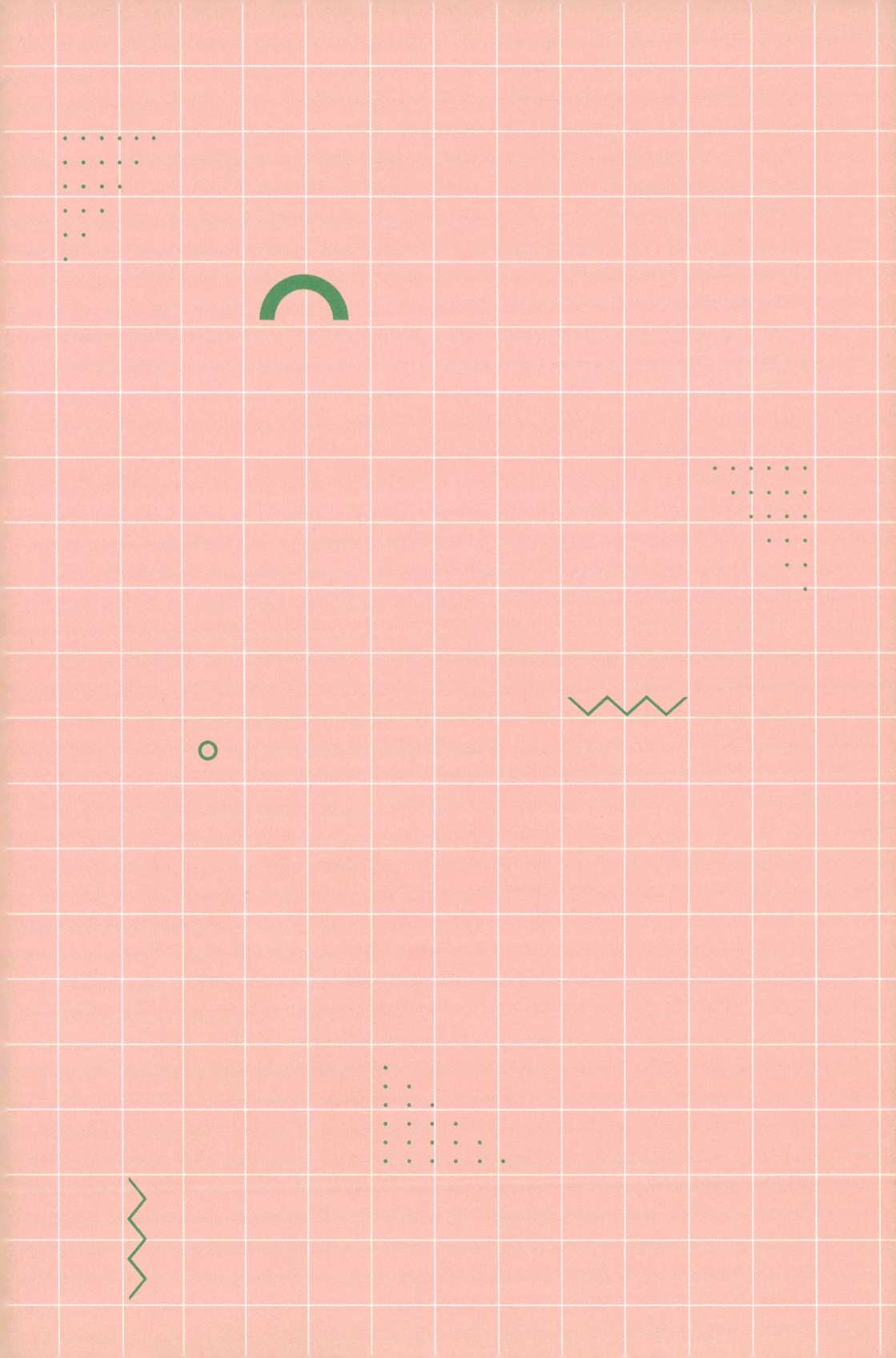

2교시

부등식을 그래프로 나타내면

부등식을 그래프로 나타내는 방법에 대해 알아봅니다.

수업 목표

1. 미지수가 1개인 일차부등식의 해를 수직선 위에 나타내어 봅니다.
2. 미지수가 2개인 일차부등식의 해를 좌표평면 위에 나타내어 봅니다.
3. 부등식 $x>$(수), $x<$(수)와 $y>$(수), $y<$(수)의 영역을 나타내어 봅니다.
4. 부등식 $y>x^2$이나 $y<x^2$의 영역을 나타내어 봅니다.
5. 부등식 $x^2+y^2<r^2$이나 $x^2+y^2>r^2$의 영역을 나타내어 봅니다.

미리 알면 좋아요

1. 미지수가 2개인 일차방정식의 그래프

일반적으로 x, y가 수 전체 집합의 원소일 때, 일차방정식 $ax+by+c=0$단 a, b, c는 상수, $a≠0$, $b≠0$의 해는 무수히 많고, 이것을 좌표평면 위에 그래프로 나타내면 직선이 됩니다. 예를 들어, $x+2y=6$의 그래프는 다음과 같습니다.

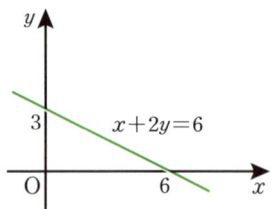

이때 이 직선 위의 모든 점의 순서쌍 (x, y)는 일차방정식 $x+2y=6$의 해이며, 일차방정식 $x+2y=6$을 이 직선의 방정식이라고 합니다.

2. 이차함수 $y=ax^2$의 그래프

이차함수 $y=ax^2$의 그래프는 원점을 꼭짓점으로 하는 포물선을 나타냅니다. 예를 들어, $a=1$ 또는 $a=-1$이면 다음과 같은 그래프가 됩니다.

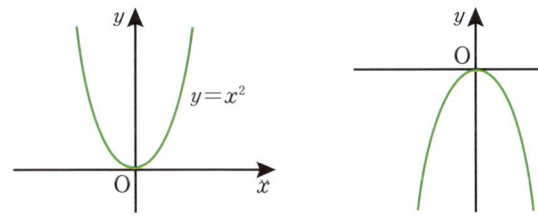

3. 이차방정식 $x^2+y^2=r^2$의 그래프

이차방정식 $x^2+y^2=r^2$의 그래프는 중심이 $(0, 0)$이고 반지름의 길이가 r인 원을 나타냅니다. 예를 들어, $x^2+y^2=9$의 그래프는 중심이 원점이고 반지름의 길이가 3인 원입니다.

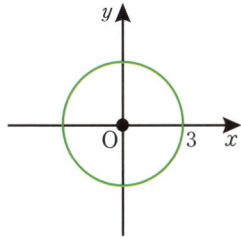

댄치그의
두 번째 수업

　이번 시간에는 부등식을 그래프로 나타내 보겠습니다. 수학에서는 식이나 말을 그림으로 나타내는 경우가 많은데, 그림으로 나타내면 상황을 이해하기가 보다 쉽고 문제를 해결할 때에도 도움이 되기 때문입니다.

　먼저 가장 간단한 형태인 미지수가 1개인 일차부등식을 나타내 보기로 하겠습니다. 지난 시간에 미지수가 1개인 일차부등식의 경우 그 해를 $x>6, x\leq-4$와 같은 간단한 형태로 나타낼 수 있다는 것에 대해 알아보았죠?

  미지수가 1개인 일차부등식의 해는 수직선 위에 나타내면 알아보기가 편리합니다. 예를 들어, 부등식 $x<6$, $x\geq-4$의 해를 각각 수직선 위에 다음과 같이 나타낼 수 있어요.

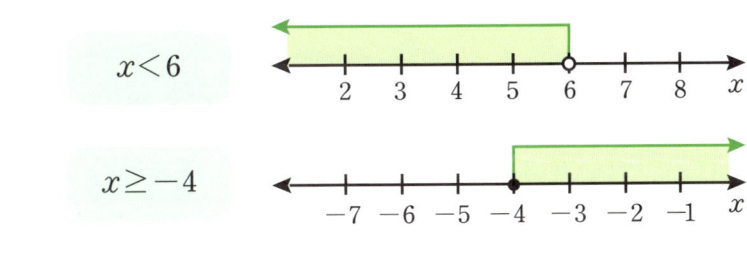

이때 첫 번째 수직선 위의 '○'는 $x=6$이 부등식 $x<6$의 해의 집합에 포함되지 않는다는 뜻이고, 두 번째 수직선 위의 '●'는 $x=-4$가 부등식 $x \geq -4$의 해의 집합에 포함된다는 뜻이랍니다.

그렇다면 미지수가 2개인 일차부등식의 해는 어떻게 나타낼까요?

"미지수가 2개이므로 수직선 위에는 나타낼 수 없을 것 같아요."

그래요. 미지수가 2개이니까 수직선이 아닌 좌표평면 위에 나타내야 합니다. 즉, 미지수가 2개이므로 일차부등식이 참이 되도록 하는 x, y의 값은 좌표평면 위에 이 값들을 순서쌍으로 하는 많은 점으로 나타낼 수 있습니다.

일차부등식 $y \geq -x+3$을 예로 들어서 설명을 시작해 보도록 하겠습니다. 우선 미지수가 2개인 일차부등식의 모든 해를 그림으로 나타내기 전에, 일차부등식 $y \geq -x+3$을 만족시키는 x, y의 값 일부와 만족시키지 않는 x, y의 값 일부를 찾아 표의 왼쪽과 오른쪽에 순서쌍 (x, y)으로 나타내어 봅시다.

댄치그 선생님은 칠판에 표를 그리고 아이들에게 앞으로 나와 순서쌍을 써넣도록 하면서 좌표평면 종이를 한 장씩 나누어 주었습니다.

부등식 $y \geq -x+3$을 만족시키는 점 (x, y)	부등식 $y \geq -x+3$을 만족시키지 않는 점 (x, y)
$(0, 3), (0, 4), (0, 5), (0, 6)$ ……	$(0, 2), (0, 1), (0, 0), (0, -1)$ ……
$(1, 2), (1, 3), (1, 4), (1, 5)$ ……	$(1, 1), (1, 0), (1, -1), (1, -2)$ ……
$(2, 1), (2, 2), (2, 3), (2, 4)$ ……	$(2, 0), (2, -1), (2, -2), (2, -3)$ ……
$(3, 0), (3, 1), (3, 2), (3, 3)$ ……	$(3, -1), (3, -2), (3, -3), (3, -4)$ ……
$(-1, 4), (-1, 5), (-1, 6), (-1, 7)$ ……	$(-1, 3), (-1, 2), (-1, 1), (-1, 0)$ ……
$(-2, 5), (-2, 6), (-2, 7), (-2, 8)$ ……	$(-2, 4), (-2, 3), (-2, 2), (-2, 1)$ ……
……	……

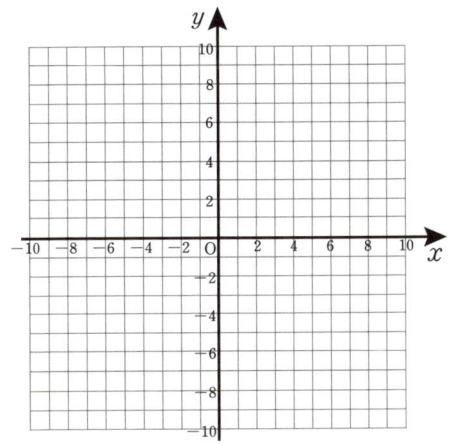

여러분이 적어 놓은 각 숫자들은 계산하기가 편리해서인지

모두 정수만을 써 놓았군요. 그것도 괜찮습니다. 정수들로 만든 순서쌍이긴 하지만 부등식을 만족하는 또는 만족하지 않는 값들로 만든 것이니까요.

자! 이번에는 칠판에 구분해 써 놓은 각 순서쌍이 나타내는 점을 좌표평면 위에 찍어 봅시다. 부등식 $y \geq -x+3$을 만족시키는 점들은 초록색 펜으로 점을 찍고, 만족시키지 않는 점들은 검정색 펜으로 점을 찍어 보세요.

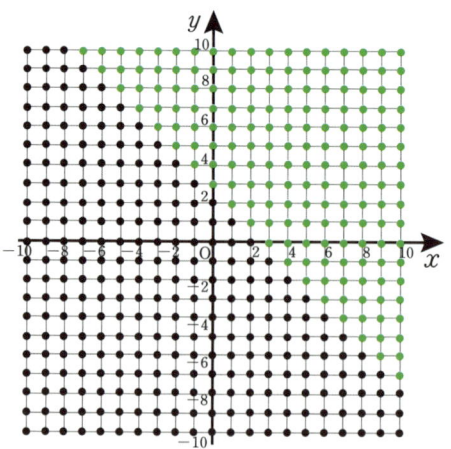

부등식 $y \geq -x+3$을 만족시키는 x, y로 만든 순서쌍 (x, y)가 부등식의 해이므로 결국 위의 그림에서 초록색 점으로 표시된 부분이 부등식의 해의 일부를 나타낸 것이라 할 수 있습니다.

만약 위의 좌표평면에서 x와 y의 값을 정수를 포함한 수 전체로 확장하면 부등식의 그래프는 어떻게 될까요?

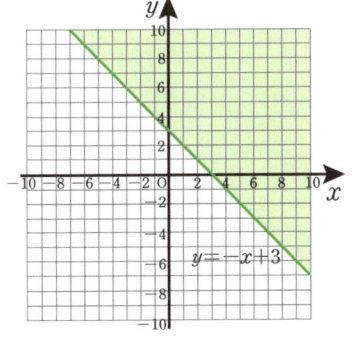

"그러면 점들 사이의 간격이 좁아지면서 빽빽해져요."

그래요. 만약 순서쌍에서 x와 y의 값을 수 전체로 확장하면 부등식 $y \geq -x+3$은 한 점이나 직선이 아닌 다음과 같이 직선 $y=-x+3$을 포함한 반평면으로 나타납니다.

따라서 미지수가 2개인 일차부등식은 한 영역으로 나타내어지며, 그 영역은 평면 전체를 2개의 반평면으로 나누는 직선을 기준으로 윗부분과 아랫부분 중 한 영역이 됩니다. 이때 직선은 부등호의 모양에 따라 포함될≥, ≤ 수도 포함되지 않을>, < 수도 있습니다.

> **쏙쏙 이해하기**
>
> 일차부등식이 나타내는 영역은 평면 전체를 2개의 반평면으로 나누는 직선을 기준으로 윗부분과 아랫부분 중 한 영역으로 나타난다.

"선생님! 그럼 일차부등식이 나타내는 영역을 찾기 위해서 매번 위의 방법처럼 평면 위에 부등식을 만족하는 점을 일일이 찍어서 알아보는 방법밖에는 없을까요? 너무 복잡한 것 같아요."

그렇지요! 그러면 더 좋은 방법이 없을까요?

"직선을 먼저 그리면 어떨까요?"

동현이가 굉장히 좋은 방법을 이야기했군요. 왜 그렇게 생각했죠?

"어차피 부등식이 나타내는 영역이 직선을 기준으로 하여 나누어진 두 영역 중 한 반평면이니까 직선을 먼저 그리면 더 쉬워질 것 같아서요."

그래요. 그럼 구체적으로 부등식 $3x-2y<6$의 영역을 찾으면서 알아볼까요? 동현이의 의견대로 먼저 직선 $3x-2y=6$을 그려 보도록 합시다. 그렇다면 우리가 그려야 할 직선을 쉽게 그리는 방법은 없을까요?

"직선 위의 두 점을 찾으면 됩니다. 두 점을 지나는 직선은 오로지 1개뿐이니까요."

동현이가 역시 정확히 알고 있군요.

미지수가 2개인 일차방정식 $3x-2y=6$이 나타내는 직선은 반드시 x축, y축과 만나기 때문에 이 사실을 이용하여 두 점을 찾아보도록 합시다. 먼저 직선이 x축을 지날 때 그때의 y의 값은 얼마죠?

"0이요!"

맞아요. $y=0$이므로 이 값을 식 $3x-2y=6$에 대입하면 x의 값을 찾을 수 있어요. 얼마죠?

"$3x-2\times0=6$이니까, 2입니다!"

따라서 직선 $3x-2y=6$은 $(2, 0)$인 점을 지나게 됩니다. 이번에는 직선이 y축을 지날 때를 생각해 봅시다. x와 y의 값 중 어떤 것이 0이 되나요?

"x값이요!"

그래요. $x=0$이니까 이 값을 식 $3x-2y=6$에 대입하면 y의 값은 -3이 됩니다. 이것은 곧 직선 $3x-2y=6$이 $(0, -3)$을 지난다는 것을 의미합니다. 이제 직선 위의 두 점 $(2, 0)$, $(0, -3)$을 찾았

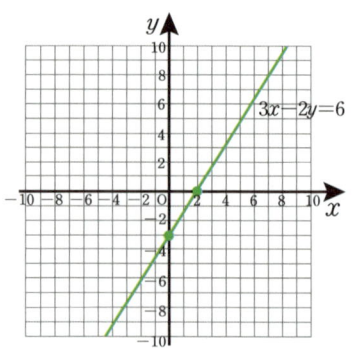

으니 이 두 점을 이용하여 좌표평면 위에 직선을 그려 볼까요?

이제 본격적으로 부등식 $3x-2y<6$의 영역을 찾아봅시다. 그런데 좌표평면 위에 직선을 그리면 평면은 세 부분으로 나누어집니다. 즉, 직선의 윗부분, 직선 자체, 직선의 아랫부분으로 말입니다. 따라서 부등식 $3x-2y<6$의 영역을 찾는다는 것은 결국 부등식을 만족하는 점 (x,y)가 나누어진 세 부분 중 어디에 위치해 있는지를 찾는다는 것과 같습니다. 따라서 좌표평면을 이루고 있는 다음의 세 부분에 있는 점을 선택하여 부등식에 대입해 보면 바로 그 영역을 확인할 수 있습니다.

(1) 직선을 기준으로 하여 직선 위쪽의 반평면에 속하는 한 점 $(0, 0)$을 선택한 경우 : $x=0, y=0$을 부등식 $3x-2y<6$에 대입하면 좌변$=3\times 0-2\times 0=0$이 되어 $0<6$이므로 **참**이 됩니다.

(2) 직선 위의 한 점 $(2, 0)$을 선택한 경우 : $x=2, y=0$을 부등식 $3x-2y<6$에 대입하면 좌변$=3\times 2-2\times 0=6$이 되어 $6=6$이므로 **거짓**이 됩니다.

(3) 직선 아래쪽의 반평면에 속하는 한 점 $(2, -2)$를 선택한 경우 : $x=2, y=-2$를 부등식 $3x-2y<6$에 대입하면 좌

변$=3×2-2×(-2)=10$이 되어 $10>6$이므로 역시 **거짓**이 됩니다. 그러므로 부등식 $3x-2y<6$의 영역은 좌표평면에서 직선과 직선 아랫부분을 제외한 나머지 부분이 됩니다.

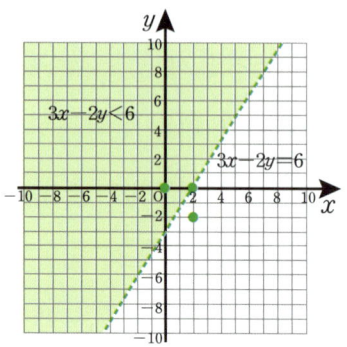

$(0, 0)$: **부등식이 참**
$(2, 0)$: **부등식이 참**
$(2, -2)$: **부등식이 거짓**

어때요? 일일이 점을 찍어서 알아보는 것보다는 확실히 간단하죠! 이때 수직선에서와 마찬가지로 직선을 이루는 점들이 부등식의 영역에 포함될 경우에는 직선을 실선으로 나타내지만, 포함되지 않을 경우에는 점선으로 나타냅니다. 한편, 위의 그림에서 직선과 직선 아랫부분은 부등식 $3x-2y≥6$의 영역이 됩니다.

또 $x≥0, x<-2$와 같은 미지수가 1개인 부등식도 좌표평면 위에 나타낼 수 있어요.

"선생님! 두 부등식 $x \geq 0$과 $x < -2$는 미지수가 1개이므로 모든 해를 수직선 위에서만 나타낼 수 있지 않나요?"

그렇지 않습니다. 방정식 $x=0$과 $x=-2$의 경우를 생각해 보면 그렇지 않다는 것을 알 수 있어요. $x=0$과 $x=-2$가 수직선 위에서는 각각 두 점을 나타내는 반면, 아래 그림과 같이 나타내기도 합니다. 따라서 부등식 $x \geq 0$과 $x < -2$의 경우도 수직선과 좌표평면에 각각 나타낼 수 있습니다.

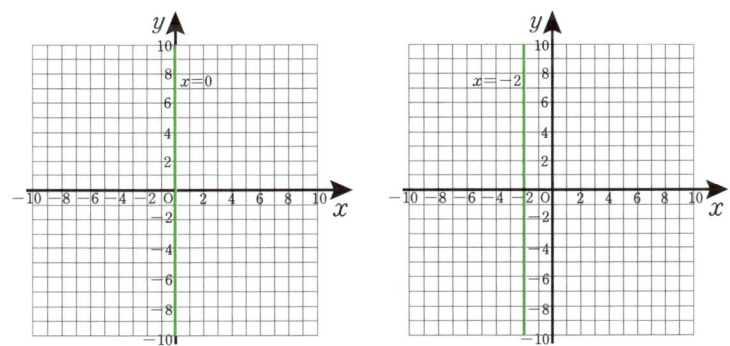

두 부등식 $x \geq 0$과 $x < -2$를 좌표평면에 나타낼 때는 미지수가 2개인 일차부등식의 영역을 찾는 방법과 같은 방법에 따라 나타냅니다. 그렇게 하기 위해 먼저 좌표평면 위에 위의 그림에서처럼 $x=0$과 $x=-2$를 나타내는 직선을 그립니다.

이제 두 부등식 $x \geq 0$과 $x < -2$의 영역을 찾아보기로 합시다. 그러려면 일단 각 좌표평면에서 직선 $x=0$과 $x=-2$로 인해 나누어진 세 곳_{직선의 왼쪽, 직선 자체, 직선의 오른쪽}에 속하는 점을 선택하여 각각 부등식에 대입해 봐야겠죠? 그때 부등식을 참이 되도록 하는 점이 있는 곳, 바로 그곳이 부등식의 영역이 됩니다. 자! 지금부터 여러분이 직접 점을 선택하고 그 점의 x, y의 값을 대입하여 두 부등식의 영역이 각각 어디인지 알아보세요.

부등식 $x \geq 0$의 영역은 어디인가요?

"직선을 포함하며, 직선의 오른쪽 부분입니다."

그럼 부등식 $x < -2$는요?

"이번에는 직선을 포함하지 않으며, 직선의 왼쪽 부분입니다."

그렇군요. 좌표평면 위에 나타내 볼까요?

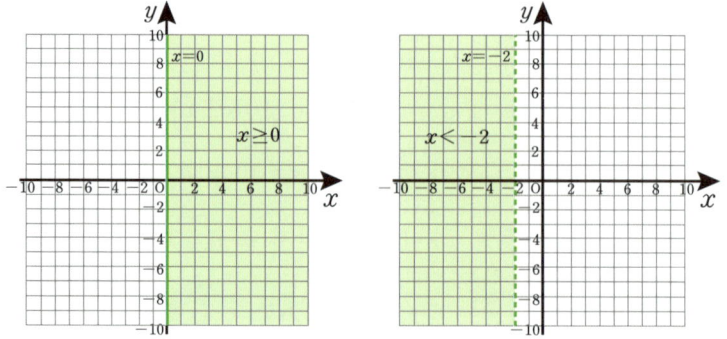

마찬가지 방법으로 두 부등식 $y \geq 0$과 $y \leq 5$의 영역을 나타내면 다음과 같아요.

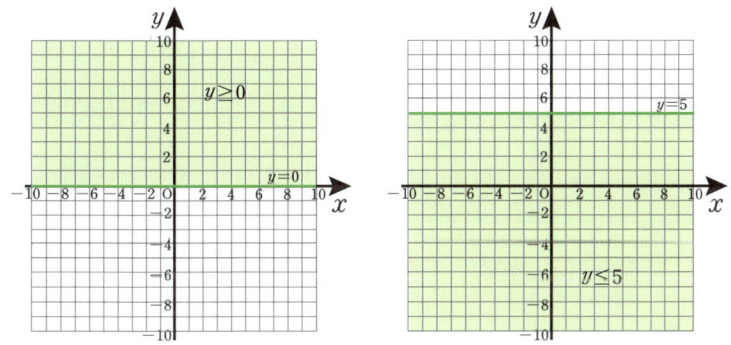

이번에는 미지수가 2개인 일차부등식이 아닌 이차부등식의 영역에 대해서도 알아볼까요? 이차부등식의 영역 또한 일차부등식에서 했던 방법을 그대로 활용하면 됩니다. 먼저 부등식 $y < x^2$의 영역을 찾아보기로 할까요? 그러려면 식 $y = x^2$의 그래프를 먼저 그려야겠지요? 어떤 모양이죠?

"원점을 꼭짓점으로 하는 포물선입니다."

잘 알고 있군요. 그럼 여러분이 직접 부등식 $y < x^2$의 영역을 찾아볼까요? 어떻게 하면 될까요?

"먼저 포물선을 그려요."

"그다음엔 포물선으로 인해 나누어진 세 곳, 즉 포물선 아랫부분, 포물선 자체, 포물선 윗부분에서 각각 1개의 점을 선택해서 부등식에 대입해요."

"만약 참이면 그 점이 있는 곳이 부등식의 영역이 됩니다."

이젠 내 도움이 전혀 필요 없을 것 같군요. 자, 그럼 여러분이 그린 것과 내가 그린 것을 확인해 볼까요?

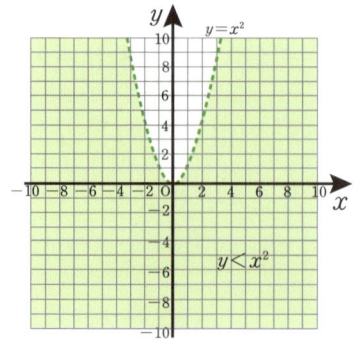

내가 그린 것과 여러분이 그린 것이 같게 그려졌나요?

"예!"

그래요. 그럼 부등식 $y>x^2$의 영역은 내가 미리 그려 왔는데 그것으로 확인해 보도록 할게요.

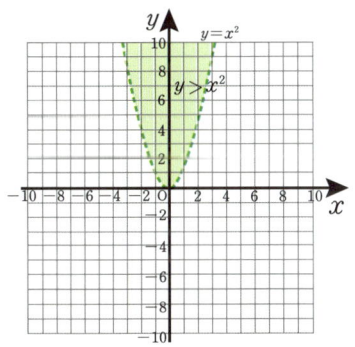

이번에는 부등식 $x^2+y^2\leq 4^2$과 $x^2+y^2>25$의 영역을 각각 찾아볼까요?

"식 $x^2+y^2=4^2$과 $x^2+y^2=25$는 각각 반지름이 4인 원과 5인 원을 나타내므로 두 부등식의 영역은 원 안이거나 원 밖일 것 같아요."

"이것도 역시 원 안의 한 점, 원 자체의 점, 원 밖의 한 점을 선택하여 대입한 다음 부등식이 참이 되도록 하는 곳이 영역이 되는 거잖아요."

그래요. 이번에도 여러분이 먼저 그린 다음에 나와 같이 다시 그려 보면서 맞는지 확인해 보기로 해요.

이번 시간에는 일차부등식과 이차부등식 각각에 대하여 그 영역을 좌표평면 위에 나타내 보았는데, 다음 시간에는 일차부등식과 이차부등식을 연립하여 만든 연립부등식의 영역을 나타내 보도록 하겠습니다.

수업정리

❶ 미지수가 1개인 일차부등식

미지수가 1개인 일차부등식의 해는 수직선 위에 나타냅니다. 예를 들어, $x > -2$인 경우 다음과 같이 나타냅니다.

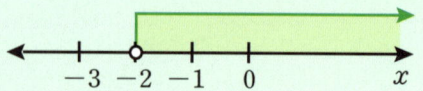

❷ 부등식의 영역

좌표평면 위에서 x, y에 대한 부등식을 만족하는 점 (x, y) 전체의 집합

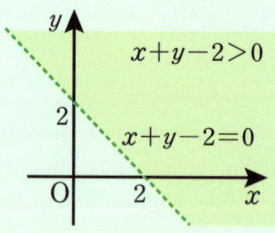

- 미지수가 2개인 일차부등식의 영역

  미지수가 2개인 일차부등식 $ax+by+c>0$ 또는 $ax+by+c<0$의 영역은 직선 $ax+by+c=0$의 윗부분이거나 아랫부분 중 한 곳인 반평면입니다. 예를 들어, 일차부등식 $x+y-2>0$이 나타내는 영역은 직선 $x+y-2=0$의 위쪽 부분입니다.

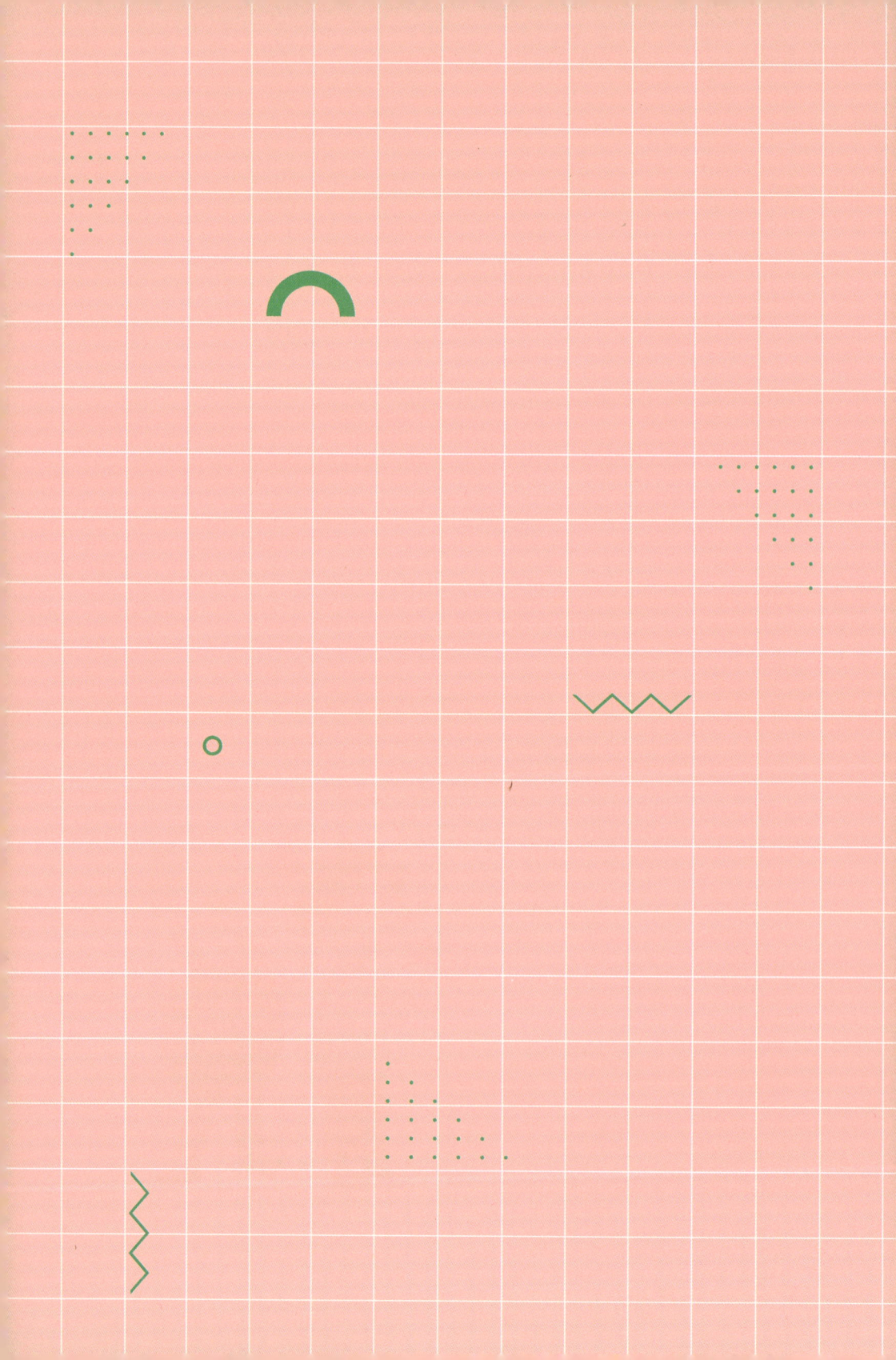

3교시

연립부등식의 영역

좌표평면 위에 연립부등식을 나타내어 봅니다.

수업 목표

1. 연립부등식의 뜻에 대해 알아봅니다.
2. 연립부등식을 좌표평면 위에 나타내는 방법에 대해 알아봅니다.
3. 좌표평면 위에서 연립부등식이 한 영역으로 나타남을 이해합니다.

미리 알면 좋아요

연립방정식

(1) 연립방정식의 뜻

미지수가 2개인 일차방정식 2개를 한 쌍으로 묶어 놓은 것을 미지수가 2개인 연립일차방정식 또는 간단히 연립방정식이라고 합니다. 연립방정식은 보통 $\begin{cases} x-y=2 \\ 2x+y=4 \end{cases}$ 와 같은 꼴로 나타냅니다.

(2) 연립방정식의 해

2개의 일차방정식을 동시에 만족하는 x, y의 값 또는 그 순서쌍을 연립방정식의 해라고 하고, 해를 구하는 것을 '연립방정식을 푼다.'라고 합니다. 이를테면, 위의 연립방정식의 해는 $x=2, y=0$ 또는 $(2, 0)$입니다. 또 연립방정식의 해는 두 일차방정식이 나타내는 두 직선의 교점의 좌표로 나타낼 수 있습니다.

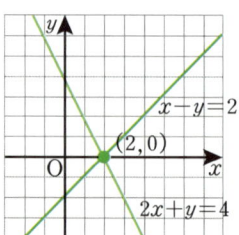

댄치그의
세 번째 수업

지난 시간에는 부등식을 평면 위에 나타내 보았어요. 그 결과 부등식은 직선이나 원과 같은 어떤 도형이 아닌 평면의 절반인 반평면으로 나타난다는 것을 알 수 있었습니다. 그것을 바탕으로 하여 이번 시간에는 1개의 부등식이 아닌 2개 이상의 부등식을 동시에 한 좌표평면 위에 나타내 보겠습니다.

연립방정식과 마찬가지로 부등식에서도 2개 이상의 부등식을 한 쌍으로 묶어 연립부등식을 만들 수 있습니다.

이를테면 미지수가 2개인 두 일차부등식 $x+y<2$와 $2x-y\geq3$을 한 쌍으로 묶어 $\begin{cases} x+y<2 \\ 2x-y\geq3 \end{cases}$과 같이 나타낼 수 있는가 하면, 일차부등식 $y\leq x+3$과 이차부등식 $x^2+y^2\leq9$를 한 쌍으로 묶어 $\begin{cases} y\leq x+3 \\ x^2+y^2\leq9 \end{cases}$와 같이 나타내기도 합니다.

한편 연립방정식의 해는 두 일차방정식을 동시에 만족시키는 x와 y의 값을 말하는 것으로, 이것은 좌표평면에서 두 일차방정식이 나타내는 두 직선의 교점의 좌표로 나타낼 수 있습니다. 그렇다면 연립부등식의 해는 어떻게 나타낼 수 있을까요?

"부등식이 좌표평면에서 '영역'으로 나타나니까 연립부등식 역시 '영역'으로 표시되지 않을까요?"

정말 그럴까요? 연립부등식 $\begin{cases} x+y<2 \\ 2x-y\geq3 \end{cases}$을 예로 들어 동현이의 생각이 맞는지 알아봅시다.

우선 평면 위에서 연립부등식을 나타내기 전에 연립부등식의 해를 대해서 먼저 알아보기로 해요. 연립부등식의 해는 연립방정식에서와 마찬가지로 두 부등식을 동시에 만족하는 x, y의 값들을 말합니다. 따라서 이것을 평면 위로 그대로 옮기면 두 부등식의 영역 중 서로 겹치는 부분이 두 일차부등식을 동시에 만족한다고 할 수 있습니다. 그럼 우선 두 일차부등식

$x+y<2$와 $2x-y\geq 3$의 영역을 각각 나타내 봅시다.

댄치그 선생님은 모눈이 그려진 투명 종이를 아이들에게 나누어 주고 2명씩 짝을 지어 각각의 투명지 위에 일차부등식을 하나씩 그려 보도록 하였습니다.

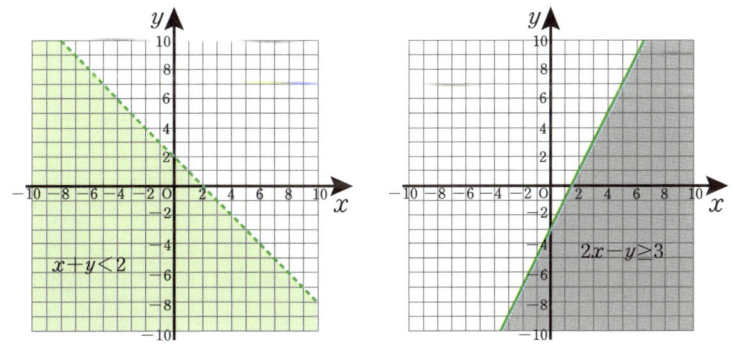

자! 다 그려 보았나요? 그럼 이번에는 두 사람이 그린 투명지 위의 그래프를 서로 겹쳐 보세요. 겹치는 부분이 있나요?
"예~"
그래요. 바로 그 겹치는 공통부분이 연립부등식 $\begin{cases} x+y<2 \\ 2x-y\geq 3 \end{cases}$을 나타낸 영역입니다.

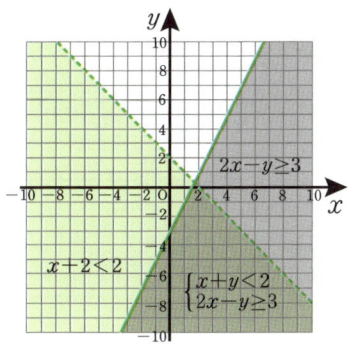

그럼 이번에는 일차부등식 $y \leq x+3$과 이차부등식 $x^2+y^2 \leq 9$를 연립한 연립부등식 $\begin{cases} y \leq x+3 \\ x^2+y^2 \leq 9 \end{cases}$의 영역을 나타내 보기로 합시다. 아까 했던 대로 먼저 두 명이 짝을 지어 두 부등식을 나누어 각각 투명지 위에 그려 보세요.

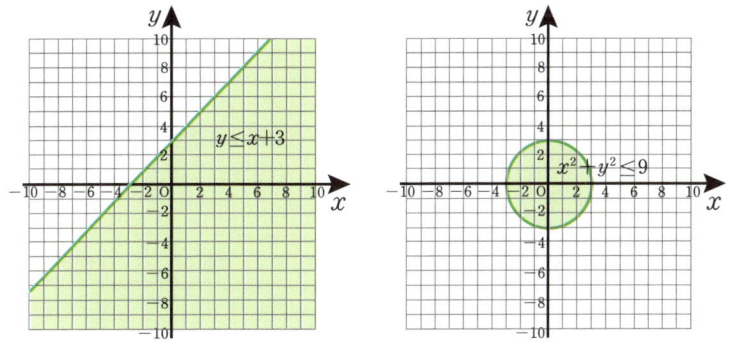

다 그렸으면 두 장의 투명지를 겹쳐 보세요. 바로 그 공통부분이 연립부등식 $\begin{cases} y \leq x+3 \\ x^2+y^2 \leq 9 \end{cases}$의 영역이 됩니다.

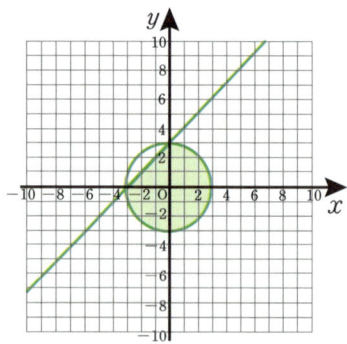

그럼 이제 편지에 적힌 문제 상황을 나타낸 네 부등식 $x \geq 0$, $y \geq 0$, $3x+2y \leq 150$, $x+2y \leq 90$을 한 쌍으로 묶어 나타낸 연립부등식 $\begin{cases} x \geq 0 \\ y \geq 0 \\ 3x+2y \leq 150 \\ x+2y \leq 90 \end{cases}$의 영역은 어떻게 되는지 알아보기로 할까요? 4명이 함께 모둠을 이루어 각자 네 부등식 $x \geq 0, y \geq 0$, $3x+2y \leq 150$, $x+2y \leq 90$을 하나씩 맡아 그 영역을 투명지 위에 나타내 보세요.

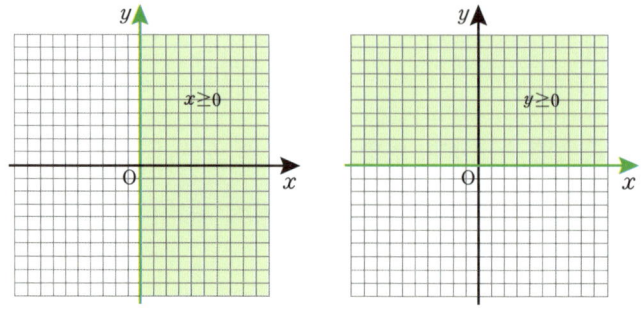

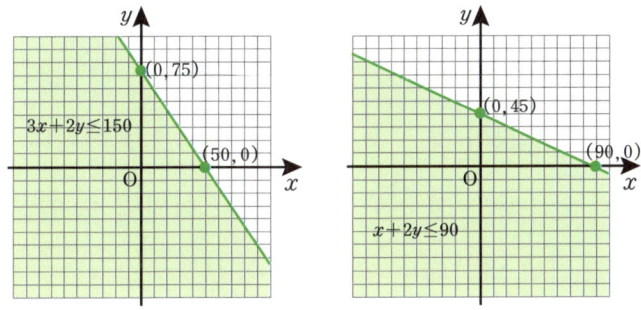

다 그렸지요? 마찬가지로 이번에는 4장의 투명지를 겹쳐 보세요. 공통부분이 있나요?

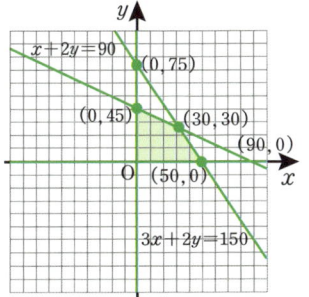

"예! 사각형 모양이 나타났어요."
"다른 연립부등식과 달리 두 부등식 $x \geq 0, y \geq 0$이 있어서 그런 것 같아요!"

그래요. 지금까지 여러분이 세 가지 연립부등식의 영역을 나타내 보았는데, 그 모양은 연립부등식을 구성하고 있는 각 부등식에 따라 매우 다양하게 나타납니다. 다음 시간에는 이 연립부등식의 영역을 이용하여 수민이가 보낸 편지 문제를 해결해 보기로 하겠습니다.

수업 정리

연립부등식의 영역

(1) 연립부등식의 해는 좌표평면 위에서 2개 이상의 부등식을 동시에 만족하는 점 전체의 집합으로 나타낼 수 있습니다. 즉, 두 부등식이 나타내는 영역의 공통부분이라 할 수 있습니다. 예를 들어, 연립부등식 $\begin{cases} -x+y>3 \\ x^2+y^2<16 \end{cases}$ 의 해를 좌표평면 위에 나타내면 다음과 같습니다.

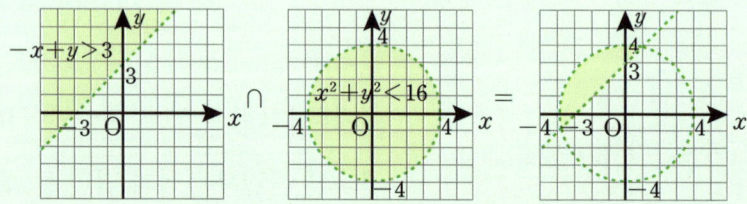

(2) 연립부등식의 영역은 연립부등식을 구성하고 있는 각 부등식의 형태에 따라 매우 다양한 모양으로 나타납니다.

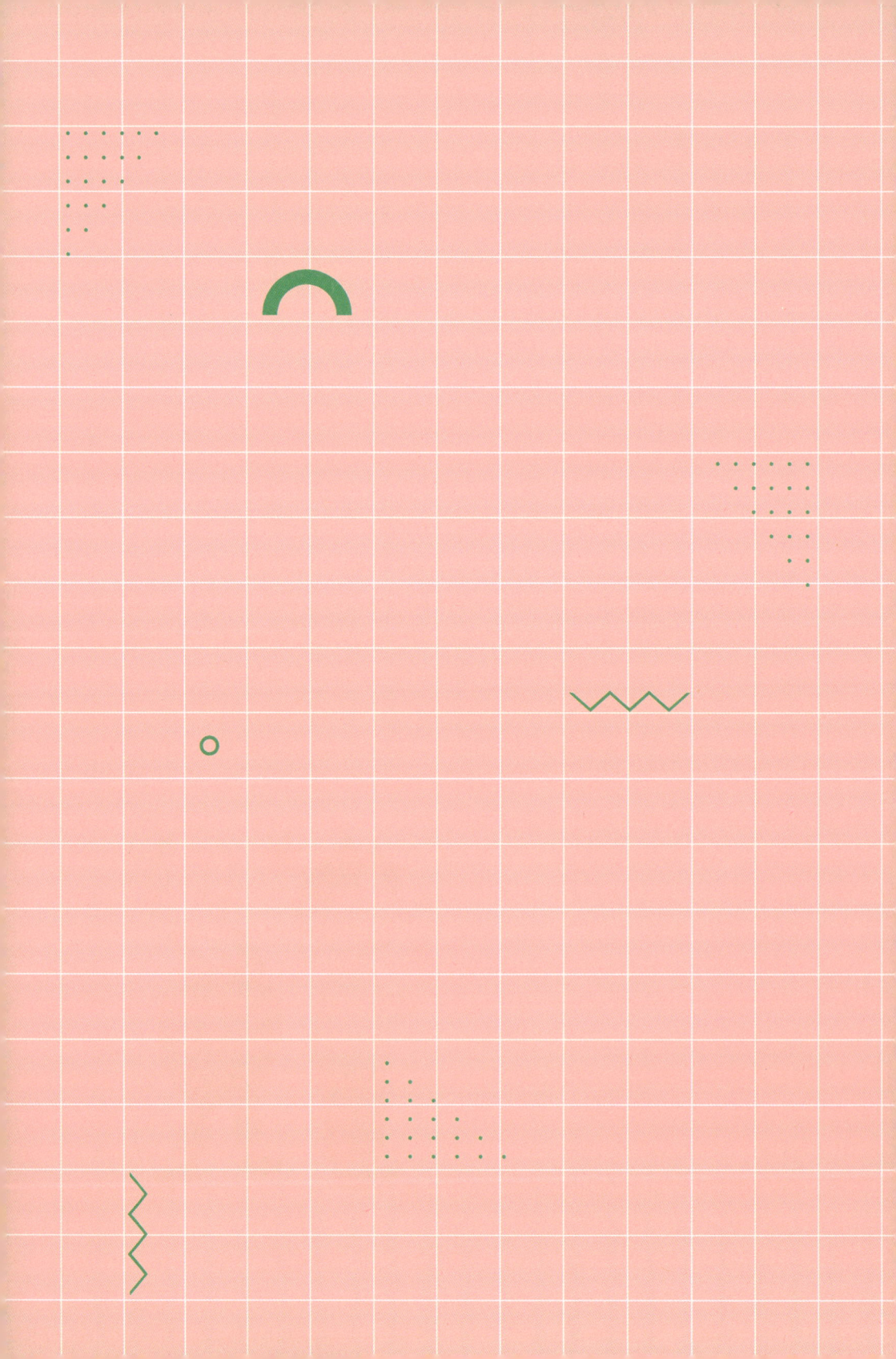

4교시

부등식의 영역을 이용한 최대·최소 문제의 해결

그래프를 이용하여 최대·최솟값을 구해 봅니다.

수업 목표

1. 실현가능영역의 뜻에 대해 알아봅니다.
2. 그래프를 이용하여 총이윤의 최댓값 문제를 해결해 봅니다.
3. 그래프를 이용하여 총비용의 최솟값 문제를 해결해 봅니다.
4. 선형계획법의 뜻에 대해 알아봅니다.
5. 선형계획법이 최적화 이론의 한 유형임을 이해합니다.

미리 알면 좋아요

일차함수 $y=ax+b$의 그래프

(1) 정의역과 공역이 수 전체의 집합인 일차함수 $y=ax+b$의 그래프는 직선으로 나타납니다. 예를 들어 일차함수 $y=-2x+4$의 그래프는 다음과 같습니다.

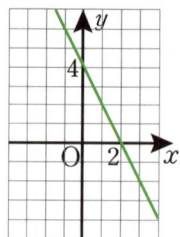

(2) 두 점을 지나는 직선은 오직 하나뿐이므로 일차함수 $y=ax+b$의 그래프는 그 그래프 위의 두 점을 찾아 직선으로 이어 보면 보다 쉽게 그릴 수 있습니다.

(3) 기울기가 같은 두 일차함수의 그래프는 서로 평행하거나 일치합니다. 예를 들어, 일차함수 $y=-2x-2$, $y=-2x$, $y=-2x+4$의 그래프의 기울기는 모두 -2이고 이들 그래프는 서로 평행합니다.

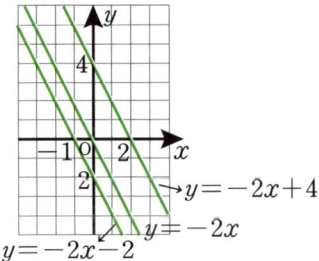

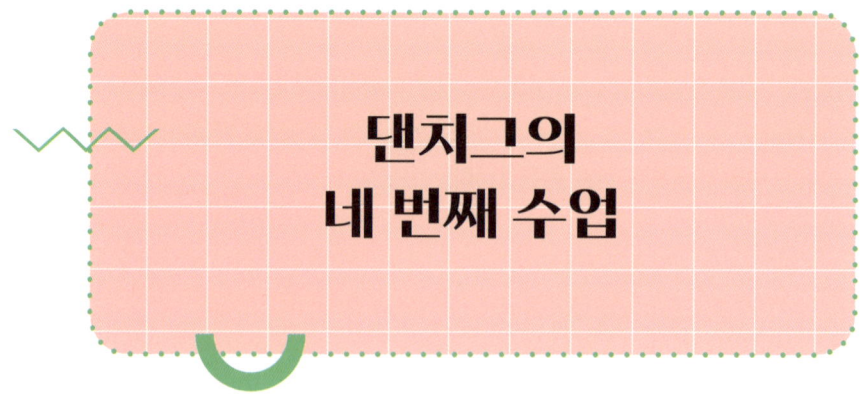

댄치그의
네 번째 수업

　지난 시간까지는 편지에 적힌 문제 상황을 정리하여 여러 가지 조건을 4개의 일차부등식으로 나타내고, 이 4개의 일차부등식을 한 쌍으로 묶은 연립부등식의 해를 좌표평면 위에 나타내 보았습니다. 이번 시간에는 문제의 조건을 그림으로 나타낸 연립부등식의 영역과 마찬가지로 총이윤 식 $A=300x+400y$ 또한 그림으로 나타내어 문제를 해결해 보도록 하겠습니다. 즉, 좌표평면상에 그린 연립부등식의 영역과 총이윤 식 $A=300x+400y$의 그래프를 이용하여 총이윤 식을 최대화시키는 x, y의 값과 그때의 총이윤을 구해 보도록 합니다. 이때 주의할 것은 수민이가 알고자 하는 것이 조건을 만족하면서 이윤을 최대로 하는 x, y의 값이기 때문에, 총이윤 식 $A=300x+400y$에서의 x, y는 문제 상황의 네 가지 조건을 모두 만족하는 값이어야 한다는 점입니다. 따라서 총이윤 A를 최대화시키는 x, y의 값은 4개의 조건을 동시에 만족시키는 연립부등식 $\begin{cases} x \geq 0 \\ y \geq 0 \\ 3x+2y \leq 150 \\ x+2y \leq 90 \end{cases}$ 의 영역 내에서 찾으면 됩니다.

특히 이 연립부등식의 영역을 실현가능영역이라고 합니다. '실현가능영역'이라는 말은 이 영역 내의 모든 점 x, y의 값이 총이윤과는 상관없이 문제 상황의 제한된 조건을 만족시키면서 두 음료를 만들 수 있는 양을 나타내기 때문에 붙인 이름입니다.

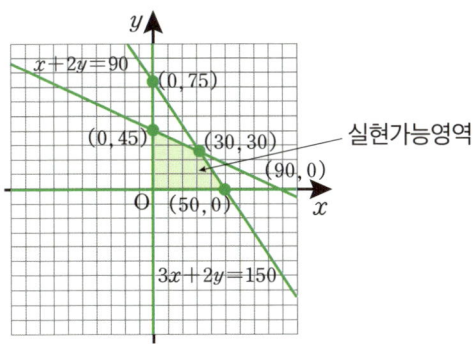

    보통 실현가능영역은 두 부등식 $x \geq 0, y \geq 0$으로 인해 제1사분면에 위치하며, 여러 개의 직선에 둘러싸여 만들어지므로 다음 그림에서 (a)와 같이 오목한 부분이 있거나 (b)의 경우처럼 구멍이 뚫리지 않은, 볼록다각형 (c)의 모양으로 나타납니다.

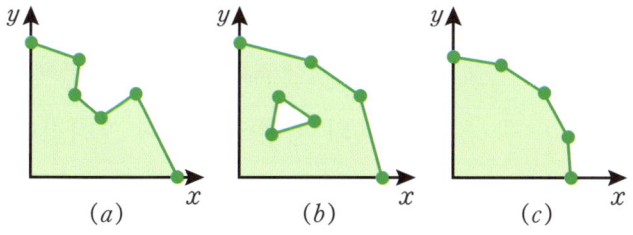

(a)　　　　　(b)　　　　　(c)

그럼 지금부터는 총이윤 식 A=300x+400y를 좌표평면 위에 나타내 보도록 하겠습니다.

총이윤 식 A=300x+400y는 미지수가 2개인 일차함수이므로 좌표평면에서 어떤 모양으로 나타나죠?

"직선이요!"

네, 맞습니다. 이제 이 직선을 평면 위에 그리기 위해 식 A=300x+400y를 다음과 같은 식으로 나타내 봅시다.

$$y = -\frac{3}{4}x + \frac{A}{400}$$

그런데 이 일차함수의 경우 A의 값이 정해져 있지 않기 때문에 A가 어떤 한 값으로 정해질 때마다 식의 기울기는 같지만 y절편은 달라집니다. 이를테면 A가 400이면 식은 $y=-\frac{3}{4}x+1$이

되고, A가 1200이면 식은 $y=-\dfrac{3}{4}x+3$이 됩니다. 따라서, 이 일차함수 $y=-\dfrac{3}{4}x+\dfrac{A}{400}$의 그래프는 A의 값이 정해질 때마다 직선 $y=-\dfrac{3}{4}x$의 그래프와 평행한 직선이 그려집니다. 하지만 이번 시간이 시작될 때 이야기했던 것처럼 총이윤 식 $A=300x+400y$의 x와 y의 값이 문제의 조건을 만족하는 값들이어야 하기 때문에 이들 직선은 반드시 연립부등식의 영역과 만나도록 그려야 합니다.

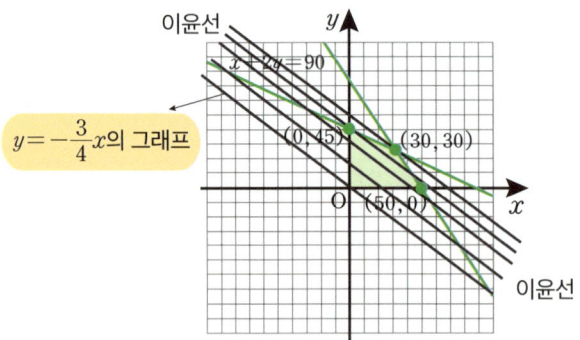

여기서 식 $y=-\dfrac{3}{4}x+\dfrac{A}{400}$를 조금 더 살펴보도록 하겠습니다. 이윤 A는 y절편과 관계가 있음을 알 수 있죠? 이것은 곧 A가 최대가 된다는 것은 y절편이 최대가 된다는 것과 같다는 것을 뜻합니다. 따라서 총이윤 A가 최대가 되도록 하는 직선은 위의 그림에서 실현가능영역을 지나는 평행한 여러 직선 중 y절편이 가장 큰 경우로 점 $(30, 30)$을 지나는 직선임을 알 수 있습니다.

　이것은 x의 값이 30이고 y의 값도 30일 때 총이윤 식 $A=300x+400y$가 최대가 된다는 것을 의미하며, $x=30$, $y=30$일 때 A의 값을 계산해 보면 21000이 됩니다. 그러므로 조건에 따라 크랜애플 음료 30kg과 애플베리 음료 30kg을 만들 때 최대 이윤 21000원을 남길 수 있게 될 것입니다.

　한편 이 예에서와 같이 일반적으로 최대 이윤은 이윤을 나타내는 직선이 실현가능영역에 포함되는 다각형의 한 꼭짓점이나 2개의 꼭짓점을 잇는 선분에서 발생하게 됩니다.

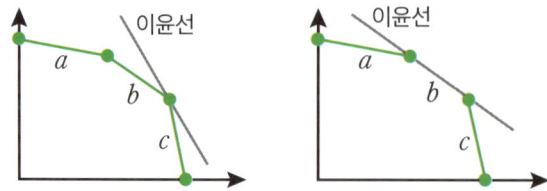

그것은 이윤이 증가함에 따라 이윤을 나타내는 직선이 실현 가능영역과 만나면서 점점 원점에서 멀어져 가기 때문입니다. 따라서 이윤선이 나타내는 식의 기울기가 그림에서의 직선 a, b, c의 기울기와 모두 다르면 보통 최대 이윤은 다각형의 꼭짓점 중 하나에서 발생한다는 사실을 알 수 있습니다. 또 기울기가 같은 직선이 있다면 이윤선과 겹쳐지는 선분 위의 점들에서 발생할 수 있겠지요.

자, 이제 수민이가 보낸 편지에 적힌 문제를 다 해결했습니다. 어때요? 지금도 편지에 적힌 문제가 어려워 보이나요?

"선생님! 처음에는 매우 복잡하고 어려워 보였는데, 부등식을 만들고 그 영역을 이용하다 보니 이렇게 빨리 해결되네요."

그럼 수민이와 비슷한 고민을 하고 있다는 편지가 한 통 더 와 있는데 여러분이 해결해 줄래요?

"예! 이젠 할 수 있을 것 같아요."

안부는 빼고, 문제 부분만 읽도록 하겠습니다.

선생님! 제가 자모 중학교에서 영양사로 근무하고 있는 것은 아시죠? 이번에 새 학기를 시작하면서 학생들을 위해 점심 메뉴를 계획하고 있는데, 영양사인 만큼 학생들의 건강을 위해 반드시 단백질과 지방의 매일 최소 요구량에 맞춰 음식을 만들어야 합니다. 하지만 학생들로부터 급식비를 받아야 하기 때문에 비용이 너무 많아지면 안 된답니다. 그래서 가능한 최소 비용으로 음식을 장만해야만 합니다.

일단 단백질과 지방을 제공하는 주요 음식으로는 달걀과 생선이 가장 적절하다고 생각됩니다.

선생님이 보시기에 편하도록 달걀과 생선에 들어 있는 단백질, 지방 함유량과 1일 최소 요구량을 표로 만들어 보내 드립니다.

	단백질, 지방 함유량		1일 최소 요구량 g
	g / 달걀 1개	g / 생선 1조각	
단백질	6	4	40
지방	9	3	36

가게에서 학교로 배달해 오는 달걀 1개의 가격은 200원, 생선 1조각은 100원입니다. 총비용을 최소화하면서 두 영양소의 1일 최소 요구량을 충족시키려면 학생 1명의 한 끼 점심 메뉴에 달걀과 생선을 얼마씩 넣어 조리해야 할까요?

다행히 이 편지에는 표가 주어져 있으니 좀 간단하죠. 하지만 학생 1명의 한 끼 점심에 들어갈 달걀의 개수와 생선 조각의 수를 알지 못하기 때문에, 사용될 달걀의 수를 x로 나타내고, 생선 조각의 수를 y로 나타내어 다시 표로 나타내면 다음과 같아요.

	단백질, 지방 함유량		1일 최소 요구량 g
	g / 달걀 1개	g / 생선 1조각	
(1) 단백질	$6x$	$4y$	40
(2) 지방	$9x$	$3y$	36
(3) 비용	$200x$	$100y$	

이제 정리한 표를 이용하여 필요한 수식을 나타내 볼까요? 단

백질의 경우 두 가지 재료의 단백질 함유량의 합계가 최소 요구량인 40g 이상이어야 하므로 다음과 같이 나타낼 수 있어요.

$$6x+4y \geq 40 \Rightarrow 3x+2y \geq 20$$

같은 방법으로 지방의 경우에는 최소 요구량이 36g이므로 두 가지 재료의 지방 함유량의 합계가 그 이상이 되어야 합니다. 그래서 식으로 나타내면 다음과 같아요.

$$9x+3y \geq 36 \Rightarrow 3x+y \geq 12$$

그리고 점심에는 달걀과 생선을 넣어 만들 예정이므로 x와 y는 다음 조건을 만족해야 해요.

$$x \geq 0, y \geq 0$$

또 편지의 내용에서 중요하게 생각해야 하는 것은 바로 비용이에요. 비용을 최소화하는 것! 이 문제의 키포인트죠. 총비용

은 달걀과 생선을 구입하는 비용의 합계이니까 다음과 같이 나타낼 수 있어요. 총비용을 A라고 한다면,

$$A = 200x + 100y$$

자, 그럼 이제 복잡했던 문제 상황을 간단한 식으로 모두 나타냈습니다. 이것을 한 쌍으로 묶어 간단히 표현해 볼까요?

$$\begin{cases} x \geq 0 \\ y \geq 0 \\ 3x + 2y \geq 20 \\ 3x + y \geq 12 \end{cases}$$

자, 이제 무엇을 해야 하죠?

"4개의 부등식을 각각 좌표평면 위에 나타내어 실현가능영역을 찾아야 해요."

그렇죠! 그럼 우선 네 부등식 각각을 따로따로 그려 합쳐 볼까요?

댄치그 선생님과 아이들은 그래프를 합쳐 보았습니다.

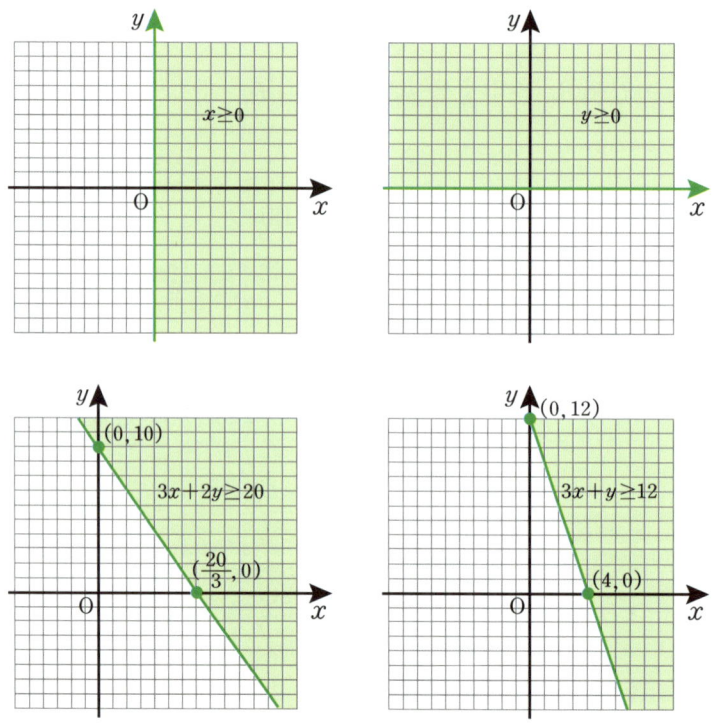

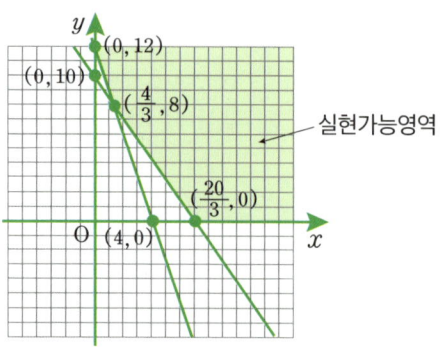

겹쳐진 그림에서 색칠한 부분이 바로 실현가능영역이에요.

이제, 마지막으로 실현가능영역을 지나도록 총비용 식의 직선을 그려서 총비용 A를 최소화시키는 값을 찾으면 됩니다. 총비용을 나타내는 식은 $A=200x+100y$로 이 식이 나타나는 직선을 보다 쉽게 그리기 위해 y를 x에 관한 식으로 나타내면 다음과 같아요.

$$y=-2x+\frac{A}{100}$$

따라서 A의 값을 달리하여 이 일차함수 식의 그래프를 평면 위에 그리면 다음과 같이 일차함수 $y=-2x$의 그래프와 평행한 여러 개의 직선으로 나타나게 됩니다.

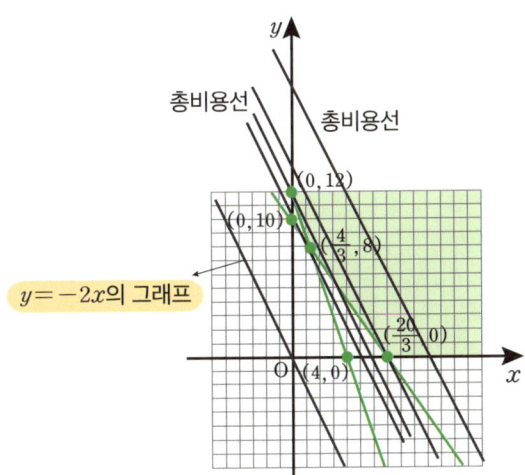

하지만 이 직선들은 반드시 연립부등식의 영역과 만나도록 그려야 합니다. 역시 총비용을 나타낸 식 $A=200x+100y$의 x와 y의 값은 문제의 조건을 만족하는 값들이어야 하기 때문이에요.

여기서 잠깐. 식 $y=-2x+\dfrac{A}{100}$를 살펴보면 총비용 A 역시 y절편과 관계가 있음을 알 수 있어요. 이것은 곧 A가 최소가 되려면 그림에서 실현가능영역을 지나는 직선 $y=-2x+\dfrac{A}{100}$의 y절편이 가장 작아야 한다는 것을 의미합니다. 이 그림에서 y절편이 가장 작은 곳은 직선이 점 $(\dfrac{4}{3}, 8)$을 지날 때입니다.

따라서 학생 1명의 한 끼 점심에 들어갈 달걀의 개수가 $\dfrac{4}{3}$개, 생선 8조각이면 최소 비용 $y=200\times\dfrac{4}{3}+100\times 8$, 즉 약 1067원이 된다는 것을 알 수 있습니다.

어때요? 일반 수식을 간단히 정리하는 것처럼 쉽지만은 않죠?

"하지만 몇 개의 수식과 그림을 통해 매우 복잡한 생활 속 문제를 해결할 수 있다는 것은 수학만이 지니고 있는 매우 중요한 장점인 것 같아요."

그래요. 동현이가 그렇게 말하는 것을 보니 이제는 선형계획법에 대해 이야기해도 될 것 같군요.

선형계획법은 영어로 리니어 프로그래밍linear programming이라고 하는데, 리니어linear란 사전적 의미로 '1차의' 또는 '선형의'라는 뜻을 가지고 있습니다. 그러므로 선형계획법은 편지에 적힌 문제처럼 일차부등식이나 일차방정식으로 나타낼 수 있는 여러 가지 조건을 만족하면서 일차함수로 나타나는 이윤을 최대화하거나 비용을 최소화할 수 있도록 재료나 제품을 배분하는 수학적 방법을 말합니다.

실제로 선형계획 문제는 앞에서 소개한 그림을 이용하여 해결하는 방법이 있는가 하면 식의 관계나 성질 등을 이용하여 해결하는 대수적 해법도 있어요. 그림을 이용하는 경우는 2개의 변수를 가진 문제를 해결할 때에만 가능하며, 대수적 해법은 3개 이상의 변수를 갖는 문제를 해결할 수 있습니다.

선형계획법은 일차식만을 사용하므로 매우 한정된 상황에서만 활용될 것이라 생각할 수도 있지만, 우리 주변을 잘 살펴보면 편지에서와 같은 문제가 무수히 많다는 것을 알게 될 것입니다. 특히 기업에서 광범위하고 유용하게 이용하고 있는데 예를 들면, 생산 계획, 예산 편성, 운송 계획, 혼합 계획, 인력 개발, 광

고와 판매 촉진 계획 및 기타 여러 종류의 기업 생산 활동 및 더 나아가서는 이론 경제 분석에 이르기까지 적용하고 있답니다.

한마디로, 일정한 상황에서 여러 가지 가능성이 있을 때 그중에서 가장 적당한 것을 찾아내는 방법, 곧 의사 결정 변수 가운데서 가장 적절한 값을 찾아내는 것이 최적화 이론입니다. 수학에서는 일정 조건을 만족하는 영역에서의 최적화 문제를 최댓값과 최솟값을 구하는 문제에서 주로 다루게 되는데, 최적화 문제는 오늘날까지도 물건의 생산, 인력의 효율적인 배치 등

여러 가지 경제 활동에 필요한 연구 분야입니다.

최적화 이론 가운데 한 분야인 선형계획법은 일차부등식 또는 일차방정식으로 표현되는 조건을 만족하면서 목표로 하는 내용편지에서는 이윤 또한 일차식인 경우의 최대 문제, 최소 문제에 대한 이론입니다. 최적화와 관련된 방법은 크게 선형linear과 비선형nonlinear으로 나눌 수 있어요. 실제 현실 세계에는 선형적인 요소보다는 비선형적인 요소가 더 많습니다. 그런데도 선형을 주로 다루는 이유는 그 해를 구하기 쉽고, 여러 가지 다양한 방법이 존재하며, 어려운 문제도 선형으로 근사시켜 풀 수 있기 때문입니다. 문제가 선형으로 변환되면, 선형계획법으로 문제를 풀어 원하는 해를 구할 수 있어요.

선형계획법의 이론에 연관된 일차부등식이나 실현가능영역이 볼록다각형이 된다는 이론까지 포함해서 최적화의 역사를 본다면 그 역사는 상당히 오래전으로 거슬러 올라갈 수 있으나, 체계적인 연구나 이론적인 학문 체계가 정립된 것은 비교적 최근의 일입니다. 일반적인 최적화의 해법과 계산법에 대한 연구와 이론 체계가 발표되기 시작한 것은 불과 50년 전이기 때문입니다. 1939년 러시아의 칸토로비치Leonid V. Kantorovich

는 생산 및 수송 계획과 관련된 좀 더 세밀한 선형계획 문제를 풀기 위한 몇 가지 방법을 제시하고 선형계획 모형을 개발하였으나 그리 주목받지는 못했어요. 그 후 1947년 바로 나 댄치그가 선형계획 문제를 풀기 위한 효과적이고 강력한 새로운 방법인 이른바 심플렉스법simplex method을 발표했어요. 일반적으로 이것을 이 분야의 시초로 보는데, 선형계획법의 해법으로 많이 사용하는 것이 바로 이 심플렉스법입니다.

그 후로도 수학자들은 더욱 효과적인 계산법을 연구하여 1979년 러시아의 카치언L. G. Khachiyan은 비심플렉스법인 타원체 방법ellipsoid method을 발견하는가 하면, 1984년 AT&T 벨 연구소의 인도계 수학자 나렌드라 카르마르카르Narendra Karmarkar 역시 비심플렉스법인 새로운 알고리즘을 발견하였습니다.

카르마르카르의 알고리즘은 '최적자원 분배를 결정하는 기법'으로 두 지점 간의 가장 효율적인 경로의 계산에 관한 혁신적인 수학 알고리즘이라는 평가를 받고 있습니다. 정확한 해를 구하지는 못하지만 답에 가장 가까운 최적의 해를 구하는 데 필요한 시간을 획기적으로 줄여 주는 이점이 있기 때문입니다. 문제의 크기가 클수록 내가 발명한 심플렉스법에 비해 그 이점이 훨씬 두드러지게 됩니다. 그럼 실제로 예를 들어 알아볼까요?

이 알고리즘의 발견으로 AT&T는 비행 스케줄 소프트웨어 시장에서 경쟁사에 비해 우위를 차지할 수 있었어요. 델타 항공사가 카르마르카르의 알고리즘을 활용하여 7500명의 조종사, 12000명의 승무원, 2500가지의 비행 항로, 9가지 종류의 항공기를 승객의 수요에 맞추어 변화시키면서 최적의 해답을 찾는다면 연간 1200만 달러를 절감할 수 있을 것으로 분석되었으며, 노스웨스트 항공사의 경우도 연간 1000만 달러를 절약할 수 있을 것으로 예상되기도 했답니다.

이와 같이 이 알고리즘은 특히 통신사와 항공사를 포함한 많은 산업계에서 중요하게 적용되었는데, 통신사의 경우 수백만의 장거리 통화를 위한 회선, 중계기 증폭기, 위성 터미널을 효율적으로 활용할 수 있게 되었으며 이로 인해 막대한 돈을 절약할 수 있었어요. 한마디로 카르마르카르의 알고리즘은 비심플렉스법의 새 장을 열었다고 할 수 있는데, 현재에도 이 부분에 대한 연구가 활발하게 이루어지고 있답니다.

수업정리

❶ 실현가능영역
선형계획과 관련된 문제에서 조건을 만족시키는 모든 점의 집합을 말합니다.

❷ 그래프를 이용하여 이윤의 최댓값과 비용의 최솟값을 구하는 절차
(1) 선형계획의 문제 상황을 일차부등식 및 일차방정식으로 나타내기
(2) (1)에서 나타낸 각 식을 좌표평면 위에 그리기
(3) (2)에서 그린 각 그림을 겹쳐서 공통부분을 찾아 실현가능영역을 결정하기
(4) 실현가능영역과 만나도록 여러 개의 평행한 총이윤선 또는 총비용선을 그리기
(5) 총이윤을 최대로 하거나 총비용을 최소로 하는 x, y의 값을 찾아 문제를 해결하기

❸ 선형계획법
선형계획법은 일차부등식이나 일차방정식으로 나타낼 수 있는 여러 가지 조건을 만족하면서 일차함수로 나타나는 이윤을 최대화하거나 비용을 최소화할 수 있도록 재료나 제품을 배분하는 수학적 방법을 말합니다.

댄치그와 함께하는 쉬는 시간 1

심플렉스법이란?

앞에서 해결한 크랜베리주스와 사과주스를 혼합하여 두 가지 음료를 만들어 판매할 때 최대의 이윤을 남기기 위한 방법을 묻는 문제를 해결하는 과정을 다시 살펴보기로 해요. 우선, 주어진 조건을 일차부등식으로 나타내고 그 일차부등식이 동시에 만족하는 해를 좌표평면 위에 나타낸 결과 다각형의 도형이 만들어졌죠? 이 다각형 모양의 실현가능영역에서 이윤을 최대로 하는 값이 바로 한 꼭짓점을 지날 때였다는 것도 생각나죠? 이 상황에서와 같이 나는 다각형 모양의 실현가능영역에서 최대·최솟값이 어느 한 꼭짓점에서 발생한다는 아이디어에 초점을 맞춰 최적의 해를 구하는 방법을 생각하게 되었어요. 이 방법을 심플렉스법이라고 한답니다. 그렇다고 모든 꼭짓점을 탐색하지는 않아요. 임의의 꼭짓점에서 시작하여 이윤 식의 값이 점점 증가해 가거나 비용 식의 값이 점점 감소해 가는 꼭짓점으로 이동해 가면서 최적해를 찾는 방법을 사용하죠.

심플렉스법은 마치 어느 한 꼭짓점에 놓여 있는 꿀 항아리를 찾아 다각형의 꼭짓점을 이동하면서 그것을 찾는 개미에 비유

할 수 있어요. 개미는 꿀이 있는 꼭짓점이 어디에 있는지를 볼 수 없어요. 하지만 무작정 변을 따라 이동해 간다면, 그 꼭짓점에 도달하는 데 많은 시간이 걸릴 것입니다. 만약 개미의 후각이 매우 발달되어 있어서, 꿀 항아리가 놓인 꼭짓점 근처에 갔을 때는 냄새가 매우 강해지고 아닐 때는 옅어진다는 사실을 알아차린다면 개미가 그 꼭짓점을 찾는 데 그리 많은 시간이 소요되지 않을 깃입니다.

심플렉스법은 이와 같이 후각이 발달한 개미가 꿀이 놓여 있는 꼭짓점을 찾아 가는 방법으로 생각해 보다 쉽게 이해할 수 있어요. 임의의 한 꼭짓점에서 출발하여 인접한 꼭짓점에서 풍기는 냄새가 강한지 약한지를 알아보기 위해 개미는 먼저 냄새를 맡아 보아야 합니다. 이때 개미는 냄새가 점점 강해지는 꼭짓점들을 조사하게 될 것이며, 그 꼭짓점에 도달할 때까지 이런 행동을 계속 반복할 것입니다. 따라서 개미가 다각형의 모든 꼭짓점을 다 조사할 필요는 없지만 만약 출발 꼭짓점에서 꿀이 있는 꼭짓점이 있는 곳까지 가는 데 많은 꼭짓점을 거쳐 가야 하는 상황이라면 그 시간은 꽤 오래 걸릴 것입니다.

이를테면 두 가지의 음료를 만드는 문제의 경우는 조건이 간단하여 사각형 모양의 실현가능영역에서 알아보았지만, 만약 조건이 많아지면 다각형의 꼭짓점의 수는 훨씬 더 많아지게 될 것입니다. 마찬가지로 우리가 사는 실제 생활은 그 조건이 훨씬 더 복잡하기 때문에 꼭짓점의 수가 많아지는 것은 당연하다고 할 수 있습니다. 즉, 사각형이 아닌 20각형, 50각형, 100각형이 될 수도 있습니다. 꼭짓점의 수가 많은 다각형의 경우에는 그 다각형을 그리기도 어려울 뿐만 아니라 각 꼭짓점에서의 이윤을 계산하여 최댓값을 갖는 최적의 해를 찾는 것 역시 복잡하고 오랜 시간이 걸리는 일입니다.

이런 이유로 심플렉스법은 초기에 환영을 받지 못했어요. 하지만 컴퓨터가 발달하게 되면서 그러한 상황도 크게 바뀌게 되었어요. 컴퓨터가 복잡하고 단순한 계산을 하게 되면서 오히려 심플렉스 방법이 각광을 받기 시작했답니다. 심플렉스법을 활용하여 산업계의 복잡한 문제를 해결하게 되면서 많은 돈과 시간을 절약할 수 있었기 때문입니다.

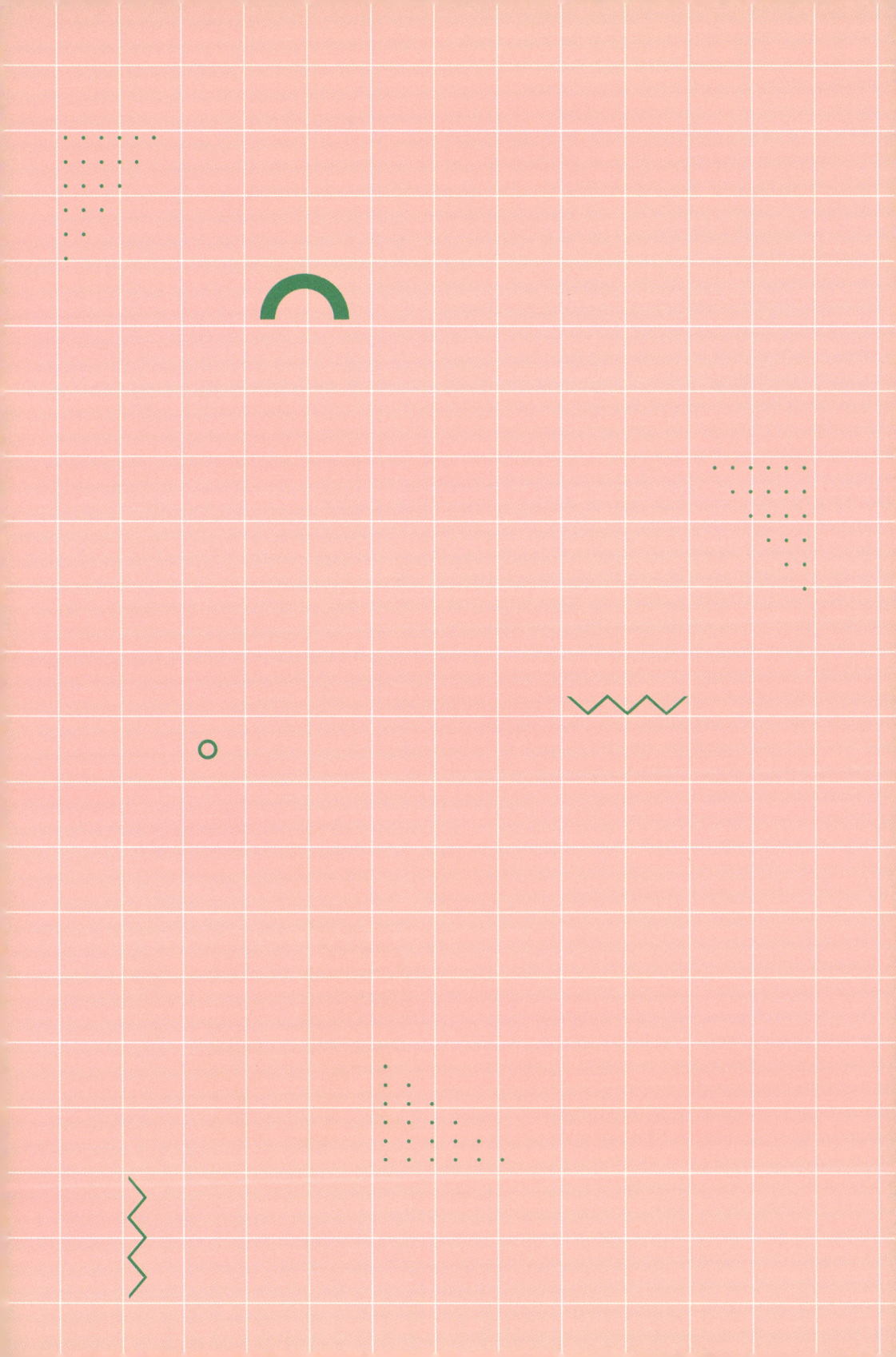

5교시

특수한 형태의 선형계획 문제
－수송 문제

수송 문제와 그 해결 방법에 대해서 알아봅니다.

수업 목표

1. 수송 문제의 뜻에 대해 알아봅니다.
2. 북서 코너법과 최소 비용법을 이용하여 수송 문제의 최초해를 구하는 방법에 대해 알아봅니다.
3. 디딤돌법을 이용하여 수송 문제의 최적해를 구하는 방법에 대해 알아봅니다.

댄치그의
다섯 번째 수업

댄치그 선생님이 또 다른 편지를 들고 오셨습니다.

이번 시간에는 매우 특수한 형태의 선형계획법에 대해 알아보도록 하겠습니다. 오늘도 새로운 편지를 하나 가져왔는데요. 지난 시간과 마찬가지로 편지에 적힌 친구의 고민을 해결하면서 알아보도록 합시다. 역시 안부를 묻는 부분은 생략하고 읽겠습니다.

선생님, 저는 해피 제과에 입사한 지 한 달밖에 되지 않아 아직도 일을 배우는 중입니다. 특히 기획 부서에 배치되어서인지 기획 일을 배우느라 하루 종일 너무나 정신이 없습니다. 그런데 드디어 제가 혼자서 해결해야 되는 일이 생겼는데 도저히 해결할 수 없어 이렇게 선생님께 편지를 드려 도움을 청하게 되었습니다.

이번에 새로 들어선 신도시 남탄 지역의 운송 계획을 세워야 하는데요. 저희 회사의 빵을 만드는 제과점 I, II, III에서 판매점 a, b, c에 빵을 배달해야 하는데, 세 판매점에 필요한 빵의 수요를 맞추면서 수송비를 최소화해야 합니다. 세 제과점에서는 각각 8상자, 1상자, 2상자의 빵을 공급할 수 있는데, 세 판매점에서는 각각 3상자, 7상자, 1상자의 필요한 빵을 주문하였습니다.

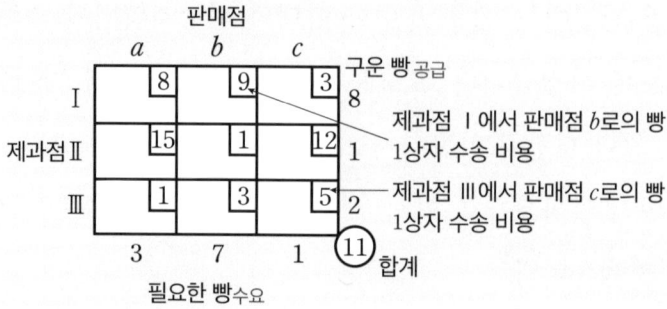

선생님께서 상황을 쉽게 파악하실 수 있도록 표를 만들어 보내 드립니다.
선생님, 수송비를 최소화하려면 어떻게 하면 좋을까요?

"선생님! 저번 편지의 문제보다 더 어려운 문제인 것 같아요."

그렇게 보이죠? 하지만 이전 편지처럼 결코 어려운 문제가 아니라는 것을 알게 될 거예요. 이 편지에 적힌 문제 역시 앞에서 여러분과 함께 해결했던 유형의 문제와 별로 다르지 않아요. 특히 이런 유형의 문제를 수송 문제라고 해요. 어떤 상품의 공급지가 여러 곳에 퍼져 있고 수요지도 여러 곳에 위치해 있을 때 어느 공급지에서 어느 수요지로 얼마만큼씩 수송하는 것이 총수송비를 최소화하는 방법인가를 분석하는 문제라고 할 수 있죠. 각 제품의 단위 수송비만 알고 있으면 총수송비가 최소화되도록 각 출발지에서 목적지까지의 수송량을 결정할 수 있습니다.

수송 문제를 해결하는 방법인 수송법 역시 선형계획법의 한 유형이에요. 특히 위의 편지에서처럼 총수요량과 총공급량이 같은 수송 문제를 균형 수송 문제라고 하는데, 이를 제안하고 분석한 두 사람의 이름을 따서 특히 히치콕-쿠프만스의 수송 문제Hitchcock-Koopmans transportation problem라고도 합니다.

이때, 눈치 빠른 동현이가 한마디 합니다.

"선생님! 편지에 주어진 표는 그동안 봤던 것과는 많이 다른 것 같아요."

그렇죠? 이와 같은 표를 수송표라고 하는데, 수송표를 만드는 목적은 마찬가지로 모든 관련 자료를 일목요연하게 요약정리 하고 중간의 계산도 빠뜨리지 않기 위함이에요. 수송표를 보면 칸이 많지요? 그래서 각 칸마다 먼저 이름을 정해 구분하도록 합시다. 예를 들어, 첫 번째 행과 첫 번째 열에 있는 칸을 순서쌍 (I, a)로 나타내기로 해요. 즉, 순서쌍의 첫 번째 수는 행에 해당하는 번호를, 두 번째 수는 열에 해당하는 번호를 넣으면 되는 거죠. 만약 (III, b)라면 제과점 III에서 판매점 b로 수송하는 경우의 칸을 나타냅니다.

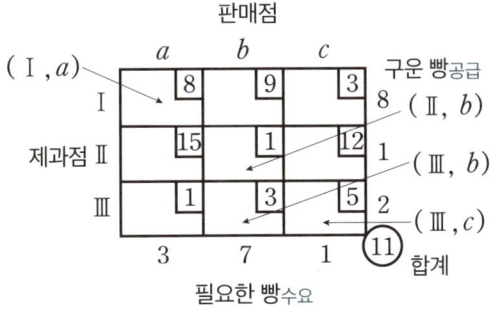

또 각 제과점에서 각 판매점으로 수송하는 빵의 상자 수를 알지 못하므로, 문자를 사용하여 나타내기로 해요. 예컨대 제과점

Ⅱ에서 판매점 a로 수송하는 상자 수를 x_{IIa}와 같이 나타내면 제과점 Ⅲ에서 판매점 b로 수송하는 상자 수는 x_{IIIb}로 나타낼 수 있어요.

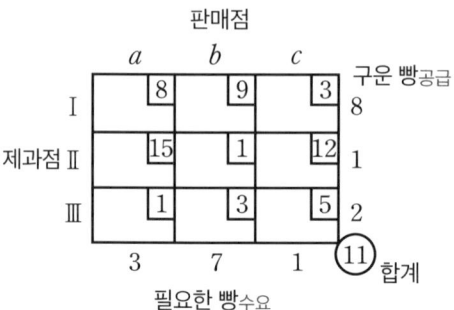

이 문자를 사용하면 위의 수송표는 다음과 같이 식으로 표현할 수 있습니다.

$$x_{Ia}+x_{Ib}+x_{Ic}=8$$
$$x_{IIa}+x_{IIb}+x_{IIc}=1$$
$$x_{IIIa}+x_{IIIb}+x_{IIIc}=2$$
$$x_{Ia}+x_{IIa}+x_{IIIa}=3$$
$$x_{Ib}+x_{IIb}+x_{IIIb}=7$$
$$x_{Ic}+x_{IIc}+x_{IIIc}=1$$

그럼 제과점 I에서 판매점 a로 빵 x_{Ia}상자를 수송한다고 하면 그 비용은 어떻게 나타낼 수 있을까요?

"한 상자의 수송 비용이 8이므로 x_{Ia}, 상자를 수송할 때는 $8x_{Ia}$만큼 들어요."

그렇죠? 그럼 각 제과점에서 각 판매점으로 모든 빵을 수송할 때 드는 총수송 비용도 식으로 나타낼 수 있겠네요?

"$8x_{Ia}+9x_{Ib}+3x_{Ic}+15x_{IIa}+1x_{IIb}+12x_{IIc}+1x_{IIIa}+3x_{IIIb}+5x_{IIIc}$이에요."

따라서 우리의 목적은 총수송 비용을 최소화시키는 것이므로 결국 위의 식의 최솟값을 구하는 것과 같아요.

"선생님! 그런데요. 문자가 많아서 그런지 이 식의 최솟값을 구한다는 것은 무척 어려울 것 같아요."

그래요. 식이 여러 개이고 총수송 비용을 나타내는 식 역시 매우 복잡해서 이 문제를 해결하기 위해서는 보다 효율적인 방법을 찾는 것도 좋겠죠! 그 방법은 각 판매점에서 필요로 하는 빵의 수요를 맞추도록 각 제과점에서 판매점으로 수송할 수 있는 한 방법을 찾은 다음 계속 그 방법을 개선하면서 수송 경비를 최소화해 가는 것입니다. 구체적으로 예를 들어 설명해 보기로 할까요?

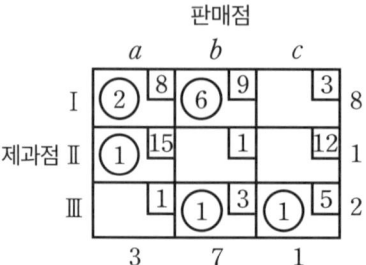

맨 처음에 찾은 한 방법을 최초해라고 합시다.

각 제과점에서 앞의 그림과 같이 빵을 배달하면 각 판매점에서 필요로 하는 수요를 맞출 수 있어요. 이 경우에 총수송 비용을 구해 보면 $(2 \times 8) + (6 \times 9) + (1 \times 15) + (1 \times 3) + (1 \times 5) = 16 + 54 + 15 + 3 + 5 = 93$으로 이 값은 최솟값이 아니에요. 그래서 총수송 비용을 최소로 하기 위해 이 방법을 조금씩 개선해 가는 방법을 생각할 수 있어요. 다음과 같이 빵 상자를 다시 재배치하여 총수송 비용을 구해 보면 다음과 같아요.

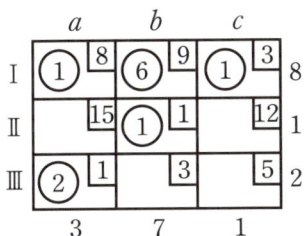

$(1 \times 8) + (6 \times 9) + (1 \times 3) + (1 \times 1) + (2 \times 1)$

$= 8 + 54 + 3 + 1 + 2 = 68$

어때요? 수송 경비가 93에서 68로 줄어들었죠? 이렇게 최초해를 개선해 가면서 가장 최적의 해를 찾아가는 방법! 바로 이 방법에 대해 알아보는 것이 이번 시간에 나와 여러분이 공부할 내용이랍니다.

그럼 이번에는 최초해를 보다 쉽게 찾는 방법에 대해 알아보기로 합시다. 그 전에 내가 앞에서 제시한 최초해가 아닌, 조건을 만족하는 다른 해를 하나 찾아보세요.

어때요? 쉽지 않죠? 지레짐작으로 최초해를 구하는 것은 시간도 오래 걸리고 그 과정도 상당히 복잡하다는 것을 알 수 있어요.

최초해를 구하기 위해 가장 먼저 생각할 수 있는 방법으로 북서 코너법이라는 것이 있어요. 수송표의 각 칸을 채우기 위해 북서쪽에 있는 칸부터 공급과 수요의 조건을 맞추면서 가능한 한 최대의 값을 배정하는 방법이에요. 위의 편지의 문제를 예를 들어 보기로 합시다.

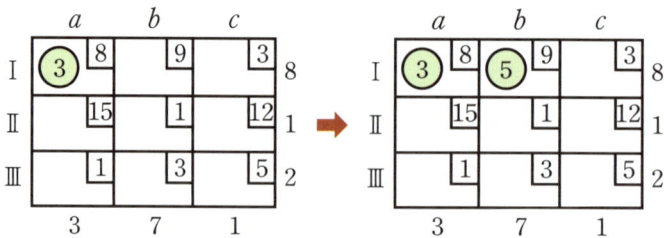

먼저 판매점 a에서 필요로 하는 빵 상자 수가 제과점 I에서 공급하는 빵 상자 수보다 작으므로 칸 (I, a)에 3을 배정하고,

칸 (I, b)에는 b제과점에서 필요로 하는 빵 상자보다 작으면서 제과점 I에서 공급할 수 있는 빵 상자 수를 맞추어 5를 배정할 수 있어요. 또 나머지 칸도 가로행과 세로열을 맞추어 각 숫자를 배열하여 수송표를 완성하면 다음과 같아요.

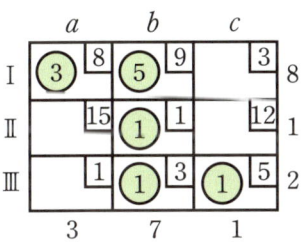

어때요? 간단하면서도 상당히 빠른 시간에 최초해를 구할 수 있죠. 이 경우에 총수송 비용을 계산해 보면 $(3 \times 8)+(5 \times 9)+(1 \times 1)+(1 \times 3)+(1 \times 5)=78$로 수송 비용이 가장 저렴하다고 할 수는 없어요. 이렇게 북서 코너법은 수송비는 전혀 고려하지 않은 채 하나의 실현가능해를 빨리 구하는 매우 간단한 방법이라 할 수 있습니다. 하지만 수송 비용을 고려하지 않고 해를 구하므로 최적해를 구하기 위해 해를 여러 번 수정해야 하는 노력이 필요합니다.

 그렇다면 수정 횟수를 줄일 수 있는 방법은 없을까요?

 "선생님! 어차피 수송 비용을 최소화시키는 것이므로 비용이 적게 드는 칸에 제과점의 공급량과 판매점의 수요량을 맞추어 빵의 상자 수를 배정하면 되지 않을까요?"

 좋은 아이디어군요! 그럼 동현이의 아이디어에 따라 수송표에 숫자를 배정해 볼까요?

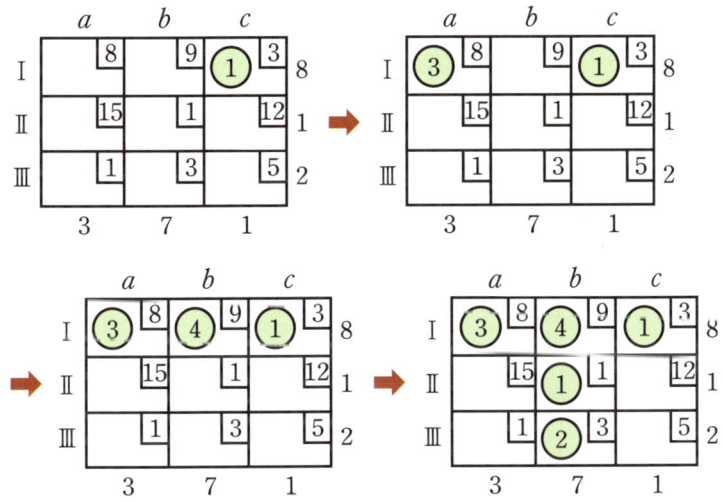

이때 총수송 비용을 계산해 보면 $(3 \times 8) + (4 \times 9) + (1 \times 3) + (1 \times 1) + (1 \times 3) = 67$로 북서 코너법에 따라 숫자를 배정한 해보다는 수송 비용이 저렴함을 알 수 있습니다. 이와 같은 방법으로 최초해를 구하는 것을 최소 비용법이라고 합니다.

그런데 여기에서 잠깐!

생각해 봐야 할 것이 있습니다. 북서 코너법이나 최소 비용법에 따라 작성한 수송표에서 공급량과 수요량에 맞추어 배정한 숫자의 개수를 세어 봅시다. 전체 칸의 수는 9칸임에도 불구하고 단지 5개의 칸에만 숫자가 배정되어 있음을 알 수 있어요. 일반적으로 수송 문제에서 m개의 행과 n개의 열로 구성된 수송표의 경우, 조건에 맞게 숫자가 배정되는 칸 수는 $m+n-1$과 같습니다. 따라서 위의 경우 $m=3, n=3$이므로 $3+3-1=5$개의 칸에 숫자가 배정되게 됩니다. 만약 아래와 같이 5개의 칸이 아닌 7개의 칸에 숫자를 배정하게 되면 어떻게 될까요?

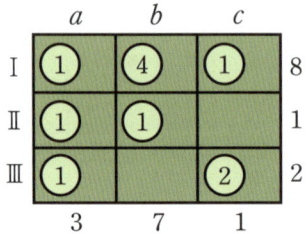

"수요량과 공급량을 맞출 수 없어요!"

그렇죠? 자! 그럼 이제부터는 최초해를 구한 다음 최적해를 구하는 방법에 대해 알아볼까요? 여기에서 최적해란 수송 비용을 최소화시키는 수송 계획을 말합니다. 다음 표는 북서 코너법에 따라 구한 최초해예요. 앞에서 계산한 것처럼 이 해의 총 수송비는 78로 해를 수정하여 수송 경비를 최소화시킬 필요가 있습니다.

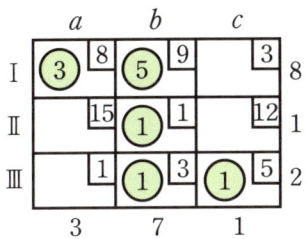

일단 수송 비용을 줄이기 위해서는 칸에 배정된 숫자를 수송 비용이 낮은 곳으로 이동하는 방법을 생각해 볼 수 있습니다. 이때 수송 비용이 낮은 곳으로 이동시킬 때 배정 숫자가 없는 빈칸을 이용하면 편리합니다.

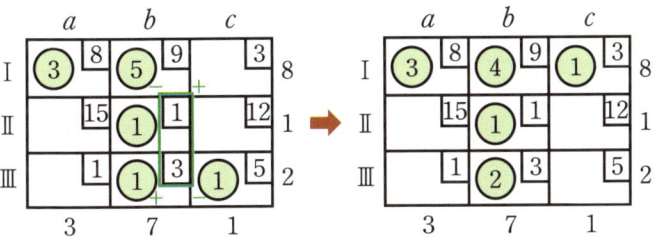

위와 같은 방법으로 이동하면 수송 경비는 다음과 같이 줄어든다는 것을 알 수 있어요.

$$+3-9+3-5=-8$$

이때 이 값을 비용 개선 지수라고 하며, 빈칸인 (I, c)로 이동시켜 구한 값이므로 앞으로 이것을 다음과 같이 나타내기로 합니다.

$$(\text{I}, c): +3-9+3-5=-8$$

이 비용 개선 지수에 따라 계산해 보면 총수송비는 $78-8 = 70$이 됩니다. 이때 이 비용이 최솟값이라고 말할 수 있을까요? 그렇지 않습니다. 다른 경우에서 최솟값이 나올지 알 수 없기 때문입니다. 때문에 이를 확인하기 위해 1차로 수정된 다음 수송표에서 각 빈칸에 대한 비용 개선 지수를 구해 보기로 해요.

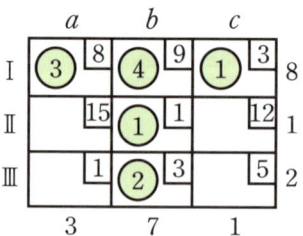

(II, a): $15-8+9-1=15$

(II, c): $12-3+9-1=17$

(III, a): $1-8+9-3=-1$

(Ⅲ, c) : 5−3+9−3=8

어떻게 이동시키는 것이 비용이 줄어들죠?

"(Ⅲ, a)이요!"

맞아요. 나머지 세 경우는 오히려 비용이 늘어나게 됩니다.

그럼 (Ⅲ, a)로 이동시켜 구한 해가 최소 수송 비용이라고 할 수 있을까요? 아직은 알 수 없습니다. 왜냐하면 지금까지도 계속 비용이 줄어들고 있기 때문이에요. 그래서 다시 한번 2차로 수정된 수송표를 이용하여 확인해 보기로 합시다. 다시 각 빈칸에 대한 비용 개선 지수를 구하면 다음과 같아요.

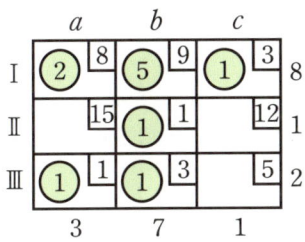

(Ⅱ, a) : +15−8+9−1=15

(Ⅱ, c) : +12−3+9−1=17

(Ⅲ, c) : +5−3+8−1=9

그런데 모두 양의 값이 되었어요. 이것은 무엇을 말할까요?

"비용이 줄어들지 않고 오히려 늘어났다는 것을 뜻해요."

이것은 곧 수송 비용이 69 미만으로 더 이상 줄어들지 않는다는 것을 뜻합니다. 따라서 69가 최소 수송 비용이 됨을 알 수 있어요. 이와 같이 빈칸 하나하나에 대하여 폐쇄 경로를 만들어서 비용 개선 지수를 구하여 비용을 최소화시켜 가는 방법을 디딤돌법이라고 합니다.

앞의 여러 시간에 걸쳐 여러분과 함께 공부한 수송 문제를 해결하기 위한 방법은 제2차 세계 대전 중 미국의 여러 항구에서 유럽대부분 영국의 여러 항구로 가능한 한 효율적인 방법으로 공

급품을 보내기 위해 개발되었어요. 현재는 각 목장에서 판매장으로 우유를 배송하고, 식당으로 채소를 배달하는 등 다양한 분야에서 수송 문제가 생각되고 있으며 그 비용을 줄이는 데 수송법을 활용하고 있습니다.

어떻습니까? 그동안 나와 함께 공부하면서 한 끼의 식사를 준비하는 데도 얼마나 많은 수학이 필요한지를 느낄 수 있지 않았나요?

이처럼 수학은 우리 생활 곳곳에 활용되고 있답니다. 이 수업을 계기로 여러분이 조금 더 수학에 관심을 가질 수 있게 되었으면 좋겠어요. 그럼 안녕~!

수업 정리

❶ 수송 문제

어떤 상품의 공급지가 여러 곳에 퍼져 있고 수요지도 여러 곳에 위치해 있을 때 어느 공급지에서 어느 수요지로 얼마만큼씩 수송하는 것이 총수송 비용을 최소화하는 방법인가를 분석하는 문제를 수송 문제라고 합니다.

❷ 북서 코너법

(1) 최초해를 구하기 위한 한 방법으로 수송표의 각 칸을 채우기 위해 북서쪽에 있는 칸부터 공급과 수요의 조건을 맞추면서 가능한 한 최대의 값을 배정하는 방법을 말합니다.

(2) 하나의 실현가능해를 빨리 구하는 매우 간단한 방법이지만 수송 비용을 고려하지 않고 해를 구하므로 최적해를 구하기 위해 해를 여러 번 수정해야 하는 노력이 필요합니다.

❸ 최소 비용법

수송표에서 경비가 적게 드는 칸에 먼저 숫자를 배정해 가면서 공급량과 판매점의 수요량을 맞추어 실현가능해를 구하는 방법으로 이 또한 최초해를 구하는 한 방법입니다.

❹ 디딤돌법

수송표에서 빈칸 하나하나에 대하여 폐쇄 경로를 만들어 비용 개선 지수를 구함으로써 최적의 해, 즉 최소 수송 비용을 찾아가는 방법입니다.

댄치그와 함께하는 쉬는 시간 2

선형계획법의 응용 분야

1. 생산 관리의 응용 분야
   - 원유 정제 문제, 항공 및 원유 수송선의 스케줄링 문제
   - 배합 문제 : 식단 구성이나 사료 배합 문제와 같이 여러 가지 원료를 섞어 제품을 만드는 데 성분 함량 조건을 만족시키면서 비용이 최소가 되는 배합 비율을 구하는 문제
   - 생산 제품 및 재고에 대한 통제 문제 : 한정된 자원을 이용하여 이익을 최대로 하기 위해서 어떠한 제품을 어느 정도씩 생산할 것인지를 결정하는 문제, 또 생산비와 재고 비용의 합을 최소로 줄이기 위한 생산 계획 문제
2. 재무 관리의 응용 분야
   - 최적의 포트폴리오 선택 문제
3. 마케팅 분야
   - 적절한 광고 매체의 선택 문제, 판매원의 적정 배치 문제
   - 제품의 수송 및 배분 문제 : 석탄이나 시멘트의 운송 및 연쇄점으로의 물품 수송 등 적정한 수송 및 배분 계획을 통하여 전체 수송비를 최소로 하는 문제

NEW 수학자가 들려주는 수학 이야기 43
댄치그가 들려주는 최적화 이론 2 이야기

ⓒ 오혜정, 2009

2판 1쇄 인쇄일 | 2025년 7월 17일
2판 1쇄 발행일 | 2025년 7월 31일

지은이 | 오혜정
펴낸이 | 정은영
펴낸곳 | (주)자음과모음

출판등록 | 2001년 11월 28일 제2001-000259호
주소 | 10881 경기도 파주시 회동길 325-20
전화 | 편집부 (02)324-2347, 경영지원부 (02)325-6047
팩스 | 편집부 (02)324-2348, 경영지원부 (02)2648-1311
e-mail | jamoteen@jamobook.com

ISBN 978-89-544-5288-5 44410
　　　 978-89-544-5196-3 (세트)

• 잘못된 책은 교환해 드립니다.